SUPPORT BOOK

教員・保護者のための

発達障害の薬・治療・教育支援

三浦 光哉
山形大学教職大学院教授

原田 剛志
パークサイドこころの発達クリニック理事長

ジアース教育新社

はじめに

　これまで学校や保育所・幼稚園、小・中学校等では、特別支援教育に関連する様々な取り組みを行ってきていますが、その中でも医療との連携はとても重要であり、そして難しいものがあります。例えば、「親や子どもが病院受診を拒否している」「服薬に否定的である」「服薬していてもなかなか効果が見られない」「副作用が強く学習や行動に不適応を起こしている」などが挙げられます。その一方で、服薬している子どもが副作用で食欲が落ち、給食を残してしまった時に担任に叱責されたり、副作用で授業中に寝てしまった時に担任に無理やり起こされたりする状況が見られます。担任に少しでも薬の知識があれば、服薬している子どもは叱責されずに済むのではないかと残念でなりません。

　「家庭（本人・保護者）－学校（教員）－医療（医師）」の連携が重要であると常に言われていますが、現実的には、そう簡単にはいかないこともあるのではないでしょうか。この三者の連携を理論的で信頼性・安全性のあるものにし、強固にしていくためには、教員や保護者がもっと医学と薬についての知識を高めていくことが重要だと感じています。子どもの問題行動や不適応状況の改善には、環境調整や行動調整も必要不可欠であることは十分知りながらも、「されど、薬に頼らざるを得ない」こともあるのではないでしょうか。学校現場の中には、毎日のように教室から離席したり友達とトラブルを起こしたりする子どもに対して、病院の受診を勧め、発達障害等の診断を受けて服薬した結果、学校生活が劇的に安定して学習に取り組めるようになった事例は数多くあります。

　このような中、筆者と原田剛志医師は、日本LD学会の自主シンポジウムの席上で出会いました。その後、講演会等で原田医師を講師として何度か招聘しながら、医療と教育について激論を交わす間柄になりました。そして、講演や資料だけでは、教員や保護者にうまく伝わらないこともあるということで本書を企画したのです。

　原田医師は、年間約700人の新患を診察し、医療・福祉・教育への講演や研究会開催を年間約70件も実施しています。一方、筆者は、保育・教育現場に出向いて年間8万人以上の子どもをスクリーニングし、保護者面談も年間約50件実施しています。このような2人が、医療現場と教育現場の在り方について何度か山形県と福岡県を行き来しながら検討を重ね、医療と教育の最前線を作り上げました。

　「医療（薬）」と「教育（指導法）」の両者を併記した解説書は、書店に並ぶことが少ないと思われます。本書の構成は、【医療編（第1章～第7章）】と【教育編（第8章～第14章）】の2つに分かれています。医療編では、主に病院受診の在り方や子どもが日常的に飲んでいる薬について具体的に解説します。また、これと併せて、教育編では、学校での環境調

整や行動調整の方法、医師との連携の仕方、保護者との面談における説明の仕方なども例示しました。医学的な知識と対応させながら教員や保護者をも高めていきたいと考えました。具体的な内容は、以下の通りです。

　医療編の第1章では、病気や障害と薬の処方について、普段何気なく使っている病気、障害、薬などの用語についての違い、また、各年代や障害パターンで起こる不適応状況などについて解説します。第2章では、子どもが成長する年齢段階で起こる様々なトラブルなどについて解説します。第3章では、どのような状況になれば病院を受診するのか、病院の診療科の選択などについて解説します。第4章では、どのような基準で診断が付くのか付かないのかなどについて解説します。第5章では、学校や家庭において様々な困りごとに対して使う薬について解説します。第6章では、子どもの診療において障害や診断の内容に誤解が生じているので、そのことについて解説します。第7章では、教員や保護者の皆様から薬や診断について多くの質問が寄せられていますので、その質問に対して「Q＆A方式」で解説します。

　一方、教育編の第8章では、受診後に担任が本人・保護者に確認すべき内容について解説します。第9章では、発達障害（LD、ADHD、ASD）の経年変化の特徴と服薬への対応について解説します。第10章では、薬の効果を最大限発揮させるために必要不可欠な環境調整や行動調整、及び自己理解について、具体的な設定場面や準備物などを解説します。第11章では、学校や家庭での様々な困りごとについて、具体的な事例を通しながら対応を例示します。第12章では、子どもの不適応状況が継続した場合に特別支援学級や特別支援学校に在籍を変更する基準、また、将来の進路や進学について解説します。第13章では、学校が外部専門家と連携・協働する際に望むことを新たな視点で提案します。そして、最後の第14章では、保育・教育現場で最も難儀とされている本人や保護者に対する面談場面での障害や病院受診の理解を求める方法について「面談シミュレーション」として記載しています。ぜひ、これを参考に模擬練習していただくことで支援の向上につながれば幸いです。

　おそらく本書には、これまで一般的に紹介されていない内容が随所に含まれているかと思われます。通読していただき、皆様からの忌憚のないご意見を承りたいと存じます。

　末筆になりましたが、出版を快く引き受けてくださいました株式会社ジアース教育新社の加藤勝博社長、編集担当の市川千秋様には、衷心より感謝申し上げます。併せて、医療編の編集作業に携わっていただきました、パークサイドこころの発達クリニックの廣田瑞穂氏（公認心理師／臨床心理士）にも御礼申し上げます。

2023（令和5）年7月28日

三浦　光哉

目　次

はじめに

第1部　医療編
パークサイドこころの発達クリニック理事長　原田　剛志

第1章　子どもの診療総論
1．子ども診療にはどんな人が来るのか …………………………………10
2．「様子を見ましょう」はいつまで許されるか
　　〜神経学的リミットと社会的リミット〜 …………………………13
3．病気と障害の違い 〜病気じゃないなら、発達障害は「何を治療する」の?〜 ……15

第2章　各年代で起こる様々なトラブル
1．各年代の社会要求と困難・トラブル …………………………17
2．低学年での受診と高学年以降の受診の違い …………………………19

第3章　病院の受診を考える時：愛情では解決しない時
1．どんなことが起こったら受診を考えるか? …………………………22
2．病院では治らないトラブルとは? 〜やりたくてやっていること〜 …………24
3．病院の診療科と選び方 …………………………24
4．誰が困っているのか? …………………………26
5．病院を受診する時は学校から手紙を書こう …………………………27

第4章　病院を受診したら
1．初めての診察では何をするのか? …………………………29
2．本人・親御さんは、受診に当たってどんなことを病院に伝えたらよいか? ……30
3．アセスメント（評価）はどこをみているのか?　診断とはどういうことか? ……31
4．検査についてどうみるのか? …………………………31
5．今起きている問題についてお医者さんと共有 …………………………31
6．薬を使いたくない、という親御さんへ …………………………32
7．病院に行ってみて「発達障害ではありません」「診断は付けられません」
　　と言われた時 …………………………32

第5章　治療ではどんなことをするのか ～困りごと別の対応と使う薬～

1．授業中の立ち歩きや落ち着きのなさ …………………………………35

2．感覚過敏 ～音がうるさく感じる、夜すぐに目が覚める、いつもイライラしている、極端な偏食など～ …………40

3．手洗いやしつこい確認 …………………………………43

4．ひどい癇癪 …………………………………44

5．睡眠の問題 ～眠りたいのに眠れない、寝ようとしない、よく目が覚める、昼間の眠気～ …………45

6．吃音とチック症 …………………………………48

7．ゲーム障害 …………………………………48

8．てんかん …………………………………49

第6章　なかなか解決しない問題、なぜうまくいかないのか

1．起立性調節障害という診断が付いても、不登校の原因とは限らない …………50

2．愛着障害という診断が付いたら …………………………………51

3．登校前にお腹が痛くなる …………………………………51

4．登校しぶりと不登校 …………………………………52

第7章　誤解が多い子ども診療Q＆A

Q1　専門医を受診したいのですが、近くに児童精神科がありません。 …………53

Q2　「発達障害」と「神経発達症」など、同じような用語があるのですが、どのように違うのですか？ …………54

Q3　うちの子はHSCではないですか？ …………55

Q4　「小児うつ」と診断されました。どう考えたらよいのでしょう？ …………56

Q5　「愛着障害」と言われました。母親は仕事を辞めた方がいいですか？ …………57

Q6　「ドクターショッピング」はいけないと聞きましたが、病院を変えてはいけませんか？ …………57

Q7　保護者が「診断名を付けられると、生命保険に入れない」と言って、病院受診や検査（診断）を拒否する場合があります。担任はどのように受け止めるとよいですか？ …………58

Q8　一般的に薬の量は、身体が大きくなったり、長期使用で効き目が薄くなる（耐性）と増えると聞いたのですが、年齢や体重と関係がありますか？ …………58

Q9　エビリファイ®とレキサルティ®は、どのような症状や効果の違いがありますか？ …………59

Q10　幼児や薬の副作用が強く服薬できない子どもに「抑肝散」が処方される
　　　ことがありますが、効き目が薄いような気がします。中枢神経刺激剤（コ
　　　ンサータ®など）と、処方のされ方や効果などでどのように違いますか？ ……59

Q11　多動・衝動性が激しいので、子どもに薬を飲ませいたいのですが、
　　　何歳（何年生）から、どんな薬を飲むことができますか？ ……………60

Q12　不登校の子どもが「起立性調節障害」と言われ、長く薬を飲んでいる
　　　のにちっとも学校に行けません。 …………………………………………60

Q13　薬を5〜6種類くらい飲んでいるのですが、大丈夫でしょうか？ …………60

Q14　薬がどんどん増えるのが心配です。 …………………………………………61

Q15　薬への依存が心配です。服薬はやめられますか？ …………………………61

Q16　薬に頼ってしまうのが心配です。 ……………………………………………62

Q17　土日や長期の休みなどは、休薬をするべきだと聞きましたが？ …………62

第2部　教育編

^{山形大学教職大学院教授　三浦　光哉}

第8章　受診後の確認と服薬している子どもへの教育的対応

　１．診断の確認 ……………………………………………………………………64

　２．薬の処方の確認 ………………………………………………………………66

　３．服薬開始後の担任の役割 ……………………………………………………67

第9章　発達障害の経年変化と服薬

　１．子どもが飲んでいる薬の把握 ………………………………………………70

　２．発達障害と薬 …………………………………………………………………71

　３．発達障害の経年変化と早期対応 ……………………………………………72

第10章　環境調整・行動調整と自己理解

　１．薬だけに頼らない ……………………………………………………………78

　２．環境調整 ………………………………………………………………………78

　３．行動調整 ………………………………………………………………………87

　４．自己理解 ………………………………………………………………………89

第11章　困りごとへの教育的対応

　１．LD・学習の遅れへの教育的対応 ……………………………………………94

　　２．ADHD への教育的対応　　　　　　　　　　　　　　　　　　　　　　　　95

　　３．ASD への教育的対応　　　　　　　　　　　　　　　　　　　　　　　　96

　　４．愛情不足への教育的対応　　　　　　　　　　　　　　　　　　　　　　　99

　　５．ゲーム・ネットのやりすぎへの教育的対応　　　　　　　　　　　　　　100

　　６．不登校・ひきこもりへの教育的対応　　　　　　　　　　　　　　　　　102

　　７．思春期による体調不良への教育的対応　　　　　　　　　　　　　　　　112

第 12 章　　在籍変更や進路への対応

　　１．在籍変更の基準　　　　　　　　　　　　　　　　　　　　　　　　　　118

　　２．小学校入学時の在籍判断への説明　　　　　　　　　　　　　　　　　　119

　　３．中学校での部活動の選択方法　　　　　　　　　　　　　　　　　　　　121

　　４．中学校生活と高校の選択　　　　　　　　　　　　　　　　　　　　　　122

　　５．障害者手帳の活用と誤解　　　　　　　　　　　　　　　　　　　　　　122

第 13 章　　学校・家庭が外部専門家と連携すること、望むこと

　　１．スクールカウンセラーとの連携　　　　　　　　　　　　　　　　　　　124

　　２．スクールソーシャルワーカーとの連携　　　　　　　　　　　　　　　　126

　　３．特別支援教育の専門家チーム・巡回相談員との連携　　　　　　　　　　128

　　４．要保護児童対策地域協議会の担当者との連携　　　　　　　　　　　　　129

第 14 章　　面談での上手な説明の仕方

　　１．様々な保護者面談　　　　　　　　　　　　　　　　　　　　　　　　　130

　　２．保護者面談の事前準備　　　　　　　　　　　　　　　　　　　　　　　131

　　３．面談の具体例（病院受診の勧め）　　　　　　　　　　　　　　　　　　132

コラム

　　１．管理職としての薬の知識と対応　（山口 純枝）　　　　　　　　　　　　69

　　２．特別支援教育コーディネーターとしての薬の知識と対応　（川村 修弘）　　93

　　３．養護教諭としての薬の知識と対応　（星川 裕美）　　　　　　　　　　117

文献

おわりに

著者紹介

第 1 部

医療編

第1章

子どもの診療総論

❶ 子ども診療にはどんな人が来るのか

　私たち児童精神科医は、毎日、子どもの困ったことや子どもに現れた症状について診療を行っています。まずは、病院に来る子どもたちがどんな困りごとを抱えているのかについて説明します。

（1）　教室でウロウロして授業に参加できない、友達とのもめごとが絶えないなど、学校でうまくいかない

　一斉指示が入らない、集団適応が困難、年齢相応の対人関係が難しいといった学校不適応の状態です。こういった不適応の原因は、早生まれや知的障害などで、学年で期待されていることができない場合や何をする時間か分からずにウロウロするもの、感覚過敏や興味のないことに集中できないといった ASD 特性によるもの、やらなくてはいけないことは分かっているがじっとできないといった ADHD 特性によるものなど様々です。決して、「教室でウロウロ立ち歩いているから ADHD だろう」といった乱暴な判断をすることがないようにしなければなりません。どういう状況で、どういった行動が起こって、それに対して周囲がどう対応したかという『ABC フレーム』（図１－１）で状況を理解する習慣をつけたいものです。法則性の理解ができれば、病院に頼らずとも教室で解決できることはたくさんあります。

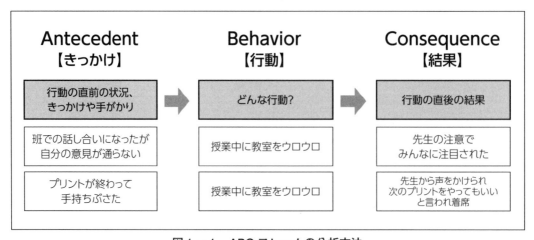

図１－１　ABC フレームの分析方法

ABC分析とは、きっかけ（Antecedent）、行動（Behavior）、結果（Consequence）の枠組みで考える行動の分析方法です。ある「きっかけ」のもとで、ある行動をすると、ある「結果」が起こります。「きっかけ」と「結果」は、「行動」によって因果関係を結んでおり、これを「行動随伴性」といいます。

「気になる行動」の原因を発達や特性といった個人の内面に求めるのではなく、『ABCフレーム』に当てはめ、行動と環境要因から考えていく方法です。

（2）　腹痛や手洗いなど、困った症状が出ている

古代から人間は、うまく事が進まない時に「不安を感じる」という、自分に対するアラームを出すことで生存競争に生き残ってきました。このアラームは、古代ほど生存競争が厳しくない現代でも残っていて、「うまく事が進まない時に人は不安に悩まされる」ということが今でも起きてしまいます。むしろ、今ではそこまで実害がなくても不安に悩まされるせいで困った状況になるということが少なくありません。こういった不安が高まった状態では、お腹が痛くなるなど、体に症状が出た『身体症状症』や不安のせいで『強迫症状』（止められない手洗いや母親への止まらない確認など）が出現する『強迫症／強迫性障害』という病気が出てしまいます。これらが症状として出てしまった時は、なかなか家庭や学校での対応だけでは収まらないので児童精神科などへの受診が必要となります。

（3）　登校しぶりや不登校

保育所・幼稚園時期の母子分離を嫌がる登園渋りに始まり、小学生でも中学生でも見られる登校しぶり・不登校も様々な理由によって起こります。その昔は、『学校恐怖症』などと呼ばれたことで分かるように、「学校が怖いのでは？」といった仮説を持たれたこともありますが、必ずしもそれだけではありません。同世代の距離感が分からなかったり、いじめ・からかいなどで対人関係の難しさを感じてであったり、勉強が分からず授業を受けるのが苦痛であったり、宿題の未提出など叱責されることへの回避であったり、周囲の期待に応えようと頑張りすぎた末の疲弊だったりなど、様々な原因が考えられます。

対応として重要な点は、「この子はどういった理由で学校に行けなくなったのか？」という個別の事情を理解することです。他の子どもがいじめが理由だったからという理由で、その子も「いじめ」が理由だとは限りません。学校に行けないには、その子なりの理由があるのです。また、登校さえすれば教室にいられるなら無理やり教室まで連れて来ればよいという考えも間違いです。そういった子どもたちは、教室まで来ると今度はどうやったら教室から抜け出せるかが分からないから、そこにいるだけ

です。

　もし、無理やり学校に連れて来たために、次の日から保健室登校すらしない、と悪化するのであればやめておきましょう。見えていることがすべてではないので、不登校になった「その本人ならどう感じるか」という視点が重要になります。個別性が重要なのです。決して、「ベテラン教育者の私の経験ではこうです」では解決しない、ということがポイントでしょう。

（4）　子どもの態度や行動について心配なので相談したいという親御さんに対して

　親御さんに対して、よく「過保護なのがいけません」などとアドバイスをする人がいますが、その人は「このお母さんが、なぜ過保護になったか」という視点を見落としていると思われます。現実には、「スネ夫のママ」のような過保護な親はそこまで存在しません。しかし、「何でここまでお手伝いしているのだろう」という過保護とも言える状況は確かに存在します。ここで考えるべき点は、「ここまで親がサポートしないと様々なことが進まなかったという過去」があったという認識です。つまり、過保護に見える多くの家庭では、子どもが年齢相応の社会的機能が発揮できなかったと考えるべきです。母親のせいで子どもがスポイルされたのではありません。「なぜ、その子の社会的機能が十分成長しなかったのか？」というところへの注目が必要となります。この原因は、発達障害などの成長の偏りから年齢相応のことができなかったり、知的な問題で達成できなかったりということが少なくありません。

（5）　思春期以降は、本人に治療意思がないと、治療できない

　いわゆる物心がつく前は、人生全体について「自分はこうしたい」という考えがあるわけではありません。したがって、思春期以前だと「自分がどうしてもこうしたい」（あのおもちゃがほしい、あのチョコレートが食べたいなど）以外は、概ね「どっちでもいい」のです。そのため、親に連れられて病院を受診したり、薬を飲むことについて「痛い」とか「苦い」とかがない限り、概ね従ってくれます。ところが、思春期に入ると自我が芽生えるので、何でも自分の思うように決めたように振る舞いたいと思い始めます。そうなると、すべての行動について自分で納得しないと受け入れなくなります。そのため、病院受診や服薬について自分にそれが必要だと思わない限りやろうとしなくなります。特に、「うまくいっていないのは自分のせいじゃない」と思っている子どもは受診や服薬を嫌がります。このように、思春期以降になると本人に治療意思がないと受診も服薬もできないことになるのです。

❷ 「様子を見ましょう」はいつまで許されるか
～神経学的リミットと社会的リミット～

（1）　神経学的リミットの観点から

　読者の皆さんは"2分の1成人式"をご存じですか？　この10歳は、「10歳の壁」といわれるように、神経学的に成長の上で大きな分かれ目になる時期です。脳の成長とともに目に見える具体的な物以上の理解ができるようになり、抽象思考や概念理解が使えるようになる時期です。「僕はこう思うけど、きっと○○ちゃんはこう思うに違いない」とか「みんなとうまくやるって、どういうこと？」といった答えが一つにならないことを考え理解し始めるころです。「食べたい、やりたい」だけでなく「食べちゃうと、やっちゃうと、周りからどう思われるか」などということを考え始めます。

　つまり、子どもルールから大人ルールへの変化です。この時期から「ひょっとして自分は他の人と違っているのではないか？」などと強く気にするようになります。そのせいで心が傷つきやすくなったり、いじけてしまったりすることも少なくありません。発達障害があるためにみんなと同じようにできない、仲間外れにされてしまう等は、この10歳を超えてしまうと深く心に残る傷となりやすいのです。そのため、嫌な体験が強い傷になる小学校4年生までに受診を始めて、傷が深刻なものになっていかないようにケアをすることが望ましいです。これが10歳までの（特に、<u>小学校4年生の夏休みまで</u>）受診を勧める『神経学的リミット』の理由です（図1−2）。

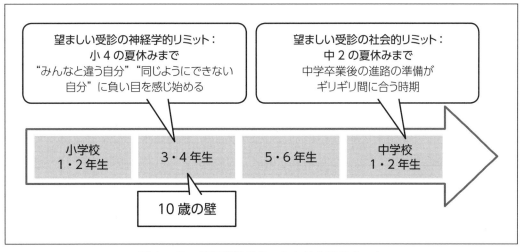

図1−2　神経学的リミットと社会的リミット

（2）　社会的リミットの観点から

　次に、『社会的リミット』は、概ね中学校２年生の夏休みまでです（図１－２）。これは中学校２年生の夏休みまでに医療が介入した患者さんと、それ以降に介入した患者さんでは社会的予後に大きな差が出るからです。この社会的予後の差とは、将来「正規雇用になれるかどうか」です。

　中学生の前半までの介入では、"将来どんな道に進むのか、この子に合っているのか"についての援助になります。本人の能力や適性に合わせた支援を行うことで高校選択に失敗が少なく、高校中退という事態に展開せずに卒業を迎えられる可能性が高くなるからです。中学校３年生以降での支援では、高校受験のために準備する時間が少なく、自分に合っている高校や納得した高校への進めない可能性が高くなります。そうなると、望まない高校に進学して中退するなど、それ以降の学歴を積むことができず、職業選択の幅が狭くなるだけでなく、正規雇用がかなり難しくなります。さらに、高校中退などで学籍を失った18歳以降での援助は、"成長してでき上がった現在のこの人がどうやって飢えないで暮らしていくか"という「最悪の事態を避けるには？」という援助に変化します。

　このような『社会的リミット』が存在するのは、現在の日本の教育や就職のシステムによります。現在の日本の教育と就職のシステムでは、小・中学校で劣悪な環境にいたとしても、高校を卒業できれば大学に進学可能で、高校を卒業するか大学を卒業すれば正規雇用の可能性が開けるからです。逆に、中卒、高校中退になるとフリーターや期間契約など非正規雇用がほとんどです。非正規雇用の経済的状況は結婚や子育てさえ困難になることがあります。

　このように、日本には一度ドロップアウトしてしまうと再チャレンジさせてもらえないという大きなシステム上の穴があるのです。そのために、どういう高校を選択して入学を果たすか、どうやれば高校を中退せずに卒業できるか、どうやれば大学進学できるかなどといったクリアしなければならない様々な関門があることを理解し、その準備を幼少期からやっておくことが必要となります。それを実現するためには、中学校２年生までに準備を始めなければなりません。中学校３年生になって慌てて受診しても間に合わないことは少なくありません。中学校２年生の夏休みがギリギリなのです。ましてや、高校中退してからではさらに将来の可能性を狭めることになります。これが、社会的リミットまでの支援導入とそれ以降の導入の大きな違いです。日本では少なくとも高卒以上でないと正規雇用が難しいという大きな闇があるのがこれらの理由です。今までに問題が起きているのに、「診断名が付くのが怖い」「病院に行くのが怖い」「薬を勧められるのが怖い」といった親の不安がこのような悲惨な事態を招く可能性があることは、事前に知っておくほうがよいかもしれません。

（3）　子どものより充実した人生のために

　病院にかからないで済めば人生がうまくいくわけではありません。「病院にかからずに済んだ」や「薬を飲まないで済んだ」は人生の予後の良し悪しには全く関係がありません。しかしながら、障害が重くて早くから病院でサポートされてきた子の方が、障害が軽くて病院にかからなかった子より充実した人生を送れることは少なくありません。

❸　病気と障害の違い
〜病気じゃないなら、発達障害は「何を治療する」の?〜

（1）　精神の病気と発達障害

　精神の病気（いわゆる精神疾患）とは、一度獲得していたものを何らかの理由によって失うことをいいます。その回復を"治療"と呼びますが、治療の目標は「失った機能の回復」です。例えば、これまで働いていた人がうつ病になったせいで仕事ができなくなった時、治療の目標は「これまで働いていたように機能回復する」となります。一般的に病気で治療を求めて受診した患者さんが治療についてお医者さんと相談した場合、薬物療法、認知行動療法、電気痙攣療法など治療の方法選択やどこまで回復するかといった治療の結果についてなど、自分が考えていたこととお医者さんから提示されることにギャップがあるかもしれませんが、「うつ病になる前と同じくらい働けるようになる」という治療の目標について、大きくお医者さんと意見が割れることはありません。

　一方、いわゆる「発達障害」とは生まれながらにしてもっている脳の成長の偏りを指します。こういった脳の偏りを発達特性といい、ADHD では多動・衝動性、不注意といった行動として見られる報酬系の障害、実行機能の悪さ、時間感覚の障害、感

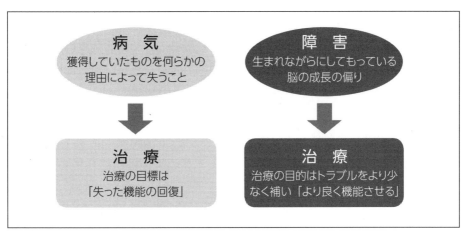

図1－3　病気と障害の違い

情制御の苦手さといった脳の働きの偏りをADHD特性と呼びます。ASDでは社会的コミュニケーションの欠陥や行動、興味または活動の限定された反復的な様式（こだわり）に代表される行動がASD特性といわれます。これらの偏りは成長とともに軽くなることもありますが、ほとんど変わらないところも少なくありません。このように元からあるもので、将来においても存在するような偏りが発達"障害"と呼ばれるものです。ここから分かるように、障害特性は薬や何らかの治療でなくなるものでないということ、障害への治療とはもともとできなかったいろいろなことをどうやればトラブルを少なく補うことができるかを考えていくということです。

　ここで、重要になってくるのが病気の"治療"との違いです（図1－3）。治療目標が「元に戻す」という病気と違い、障害では「より良く機能させる」となるので、その人にとっての"より良く"とは何を指すのか、お医者さんと患者さんとのすり合わせが大切になります。「お医者さんはAのようになるのが良いと思うが、患者さんはBになりたい」ということでは良い治療結果となりません。このズレから発達障害の治療が中断することがよく見られているのです。

（2）　病気じゃないなら、発達障害は「何を治療する」の？

　発達障害は生まれつきもっている脳の成長の偏りというならば、いわゆる「発達障害で病院を受診する」は、何を行っているのでしょうか？発達障害は病気と違うので、いわゆる"治す"ために病院に行っているわけではありません。病院で行っていることは主に4つです。

①本人や親が本人の偏り（発達特性）について知り、自分にとって得意なこと、苦手なことを理解すること
②上記にあるように、自分を理解することで自尊心や自己効力感の低下を防ぐこと
③発達特性によって認知の歪みや判断・行動の間違いなどが起こりやすく適応が悪くなるが、その修正に努めること
④適応が悪くなることで「二次障害」と呼ばれる腹痛などの身体化障害、うまくいかないことに苦しんだために起こる抑うつ状態、うまくできないかもしれないという不安で引き起こされる強迫性障害などの治療をすること

　決して「障害を克服して普通の人になりましょう」ではないのです。いわゆる「障害」といわれる偏りや発達特性は、成長によって大きさの大小は起こりますが消えることはないので、それとともにどうトラブルを少なくして生きていくのか、その特性を生かしてどう幸福を追求するのか、といったことのお手伝いが「発達障害の治療」となります。

第2章

各年代で起こる様々なトラブル

❶　各年代の社会要求と困難・トラブル

　子どもは、各年代で様々な発達課題や不適応状況を示します。その年代で超えないといけない課題を超えられない時にトラブル（学力不振、暴言、暴力、無気力、不登校など）が発生します。頑張る時には頑張らないといけない、嫌なことでもしないといけない、不安定になりそうな時にコントロールしていく、といった術を身に付けていくことが必要となります。図2−1には、年代別の社会要求と不適応状況を示しました。このことについて具体的に説明します。

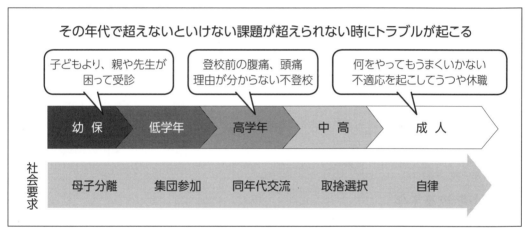

その年代で超えないといけない課題が超えられない時にトラブルが起こる

| 子どもより、親や先生が困って受診 | 登校前の腹痛、頭痛 理由が分からない不登校 | 何をやってもうまくいかない 不適応を起こしてうつや休職 |

幼保　　低学年　　高学年　　中高　　成　人

社会要求

母子分離　　集団参加　　同年代交流　　取捨選択　　自律

図2−1　年代別による社会要求と不適応状況

（1）　乳児期

　乳児期は母親に守られた存在として個人の身体的感覚的トラブルが中心です。寝付けない、すぐに起きてしまう、泣き続けるが理由が分からない、偏食がひどい、すぐにお腹が緩くなるなど、家庭での個人のトラブル、身体のトラブルです。

（2）　就学前：幼保

　この時期の子どもは、自分が中心となり目に見える物を中心として物事を考えます。感覚が成長し、手先が器用になることで使える道具が増えたり、物事の名前や用途を理解したりして、体験して学ぶなど感覚的成長が目覚ましい時です。

また、社会的には「母親から分離し社会参入の練習」がテーマとなる時期です。「ママのかわいい○○ちゃん」という「Only one」の存在から、「さくら組の○○ちゃん」のように「One of them」へ移行し、集団の中の一人として存在することを体験し始めます。「集団に入る」つまり社会の一員の誕生です。

　このような時期に起きやすいトラブルとして、集団に入ることで、しつこい、癇癪（かん）がひどい、落ち着きがないなど他児との違いが見られやすくなります。また、集団に入ることに対しての不安から保育所・幼稚園で母親とバイバイできないというケースも少なくありません。こういった「母親と離れる、集団に入る」不安だけでなく、乳幼児期に引き続き「偏食」「寝つき」など感覚過敏による個人の問題も継続します。

（3）　小学校低学年

　小学校入学のこの時期は、「集団を学ぶ」時期となります。保育所・幼稚園では、集団にいながらも比較的自由に思い通りに過ごせていた環境から、小学校になると時間の制限や授業内容など集団として振る舞うことが求められ、順番を守る、自分の意見が通らないことの方が多い、今何する時間かを理解する、一斉指示を聞き取る、読み書き計算に取り組む等、社会的な成長が重視されます。

　この時期に起きやすいトラブルは「集団として動けないトラブル」です。やりたいことを止められて癇癪を起こす、その場で求められていることが分からず落ち着かずにウロウロするなど、「どう振る舞う？我慢する」といった社会の一員としてのルールが守れないことで起こります。

（4）　小学校高学年

　小学校低学年の「みんなで一緒」の子どもルールの時期から、「他者との違いに気づき」始めると同時に、違いへの不安から「集団に一体化」しようとします。

　４年生頃になると、まず女子が変化してきます。男子とは遊ばなくなり女子だけの趣味や興味のあう人で集まったグループができ始めます。体の成長も女子の方が早く、男子を異性として意識し始める時期ですが、男子はこの時期はまだ低学年と変わらない認識の子どもも多いようです。このように、大集団から小集団へ移行する時期です。

　仲良しの子と持ち物や趣味など同じようにそろえようとしたり、違いへの不安を感じやすくなり、そこからくる集団へ一体化願望が強くなります。そのため排除やいじめ、過剰に相手に合わせようとする過剰適応となりやすいです。過剰適応の末に疲れて不登校になるというのもこの時期に起りやすいトラブルの一つです。

（5）　中学生以降

　中学生になると「集団の一員」だけでなく個としての「自分」を意識し始めます。「自分で決めろ」と言われますが正解は既に決まっていて、自分の意見で決めると怒られます。まだ「個の自分」として社会に存在することは許されず、「集団でこうあるべき」と求められる "個" を練習する時期です。学校の先生や親の望むことを忖度して、やることを選択することを求められ、この時期に社会に出てから使う「相手の顔色をうかがう」というスキルを身に付けます。

　子どもとしての自由な振る舞いである「どちらもやりたい」や「どちらでもいい」は許されなくなり、「したいように振る舞ってはいけない」「集団が要求するように振る舞わなければいけない」と万能感を失ってしまいます。ブラック校則や体罰など理不尽や他者評価にさらされ、年長者の意向をくみ取った優先順位や取捨選択が要求され、失敗すれば自己責任で救済がないこともあります。

　起きやすいトラブルとしては、隠れていた知的能力や問題解決能力など、社会に所属するための能力の未熟さが表面化したり、過剰に適応的に振る舞うことで、疲弊してしまい不登校になるなどです。うまくやれるかという不安に対処できず退行し、アイドルやゲーム、ファンタジーの世界など空想・夢想世界に没頭したものが「中2病」と呼ばれます。

　この年代以降は、「気づいてしまった不安をどう管理するか」が問題の中心となります。管理の失敗は被害感、気分の浮動性、朝の腹痛に発展します。

② 低学年での受診と高学年以降の受診の違い

（1）　低学年の場合

　低学年で児童精神科に連れて来られる子どもは、早ければ1歳半検診の後、「気になる発達の遅れがあると言われたので」という母親の不安で連れて来られる子、保育所・幼稚園に入ったけれどお母さんとバイバイできなくて大泣きする子、小学校に入ったけれど自分の席に座っていられないなどの子たちがいます。基本的には「個体の機能・成長が遅れている子」が受診します。この子どもたちは親や保育所・幼稚園、小学校の先生が困っているが本人はよく分かっていない子がほとんどです。自分の快・不快で行動しており、自分の行動が周囲にどんな感情や結果をもたらすかが理解できません。

　このように、自分の行動による自分の損得や周囲の意図と外れることがどういう結果になるかなど、読み取り力やイメージ力の未熟さのために不適切な行動が行われていることが少なくありません。判断基準をまだもたず、結果の理解がないこういった

子どもに、説教（注意）やカウンセリングなど「判断」「理解力」を必要とする支援アプローチは効果がありません。周囲が望む行為を行うことで、どんなメリットがあるか、どのような不快が避けられるかなど「適切な行動」で得られるものを本人の理解できる範囲で分かりやすく提示することが必要です。

（2）　高学年の場合

　本人がやっている行動が周囲からどう評価されるかについて、①自分の行動が周囲からどう見られているか気にしていない、②自分の行動が周囲からどう見られているか分からない、③自分の行動が周囲から認められていると勘違いしている、④自分の行動が周囲からネガティブに受け取られているがどうしてよいかが分からない、などの「社会的理解が遅れている子」が受診します。

　まず、高学年にもかかわらず、①の場合は自閉としての重症度がある子です。周囲の子どもという世界とその子どもとがつながっておらず、自分の世界の中だけで生きている人と言えます。狭義の古典的な自閉世界といってよいでしょう。②の場合は、これは他者の視点に立てない、いわゆる「視点の切り替えができない」子どもです。「相手の立場から見る」ができないために客観性を獲得できません。この子どもたちも①と同じく「自分はこう思う」だけの世界に生きています。③の場合は、誤学習といわれるものです。定型発達の子どもから見るととんでもない事態が起きているにもかかわらず「これでいいのだ」と言い放つ「バカボンのパパ」はここに当たるのかもしれません。本人は善意で行っていたり、不安に駆られて行ったりするので間違っている点を指摘すると傷ついてしまったり、逆上することも少なくありません。この中で④の場合だけが悩んでいると言えます。自分はどう振る舞うべきかという葛藤を唯一もっています。こういった例では、①から③のような自らの行動の不適切さに気づいていない例に比べ、抑うつや不安など二次的な症状をもちやすいです。

　①から④のどのパターンでも、「どうすればいいか自分で考えなさい」と言われても適切な行動をとれなかった子どもたちなので、時間をかけても彼ら彼女らのもっている知識、良心、道徳から適切な答えは出てきません。必要な対応は、低学年の子どもたちと同様に彼ら彼女らの取った行動の予測される残念な結果の提示と「こういうシチュエーションではこういう行動が求められている」という望まれている行動（お手本）の提示が最も必要となります。しかし、高学年では本人の治療意思がないと「受診に連れて来れない」し、「行動を変えられない」ので、そこが低学年の治療とは大きな違いとなります。ですから、①から③のタイプでは「困り感を感じてもらう」「今の状況をどうにかしたいと思ってもらう」ということが受診のために必要になります。

　本人が困らず「今の状況を変えなくていい」という状況では、親御さんや担任の
サポートしすぎによるものが少なくありません。親御さんも担任も疲弊し果てて「も
う無理」となって受診されても、本人の治療意思がないと何も変わりません。高学年
での行動変容には本人の意思が必要だからです。この状況には、親御さんや担任がサ
ポートから手を引いて「本人の行動の結果を本人に困ってもらう」しかありません。
高学年の受診動機をつくるために、本人にしっかり困ってもらいましょう。

　また、④の場合については、本人は困ることができているので、適切な行動を示す
こと、及びそれに加えて「うまくやれない自分をどう受け入れていくか」というマネー
ジメントが必要となります。

第3章

病院の受診を考える時：愛情では解決しない時

❶ どんなことが起こったら受診を考えるか？

　小さな頃から「ひょっとして…」と思ってきた親御さんにとっても、「小さな頃は特に問題なかったのに」と思っている親御さんにとっても、児童精神科への受診はハードルが高いものです。ハードルの高くない小児科受診の時にそういった心配を告げても子どものトラブルについて専門でないお医者さんであれば「お母さんの気にしすぎ」や「しっかり愛情を注いで」などと言われ、スルーされることも少なくありません。

　このように子どものトラブルや発達の心配について専門家に相談するのは意外に難しいのです。かといって、「○○知恵袋」などネットで調べようと思っても100人が100人好き勝手なことを書いているので、どの話が信用に足る情報か見当もつかず余計に不安になって落ち着かなくなるのが関の山です。児童精神科はそう数が多くなく、受診までのハードルが高めですが、どんな状況になったら「もう受診しないといけない」かの基準を以下に示します。

（1）　様々な工夫をしても同年代のクラスメイトに追いついていけない時

　同年代のクラスメイトに追いついていけない点もいくつか種類があります。

　まずは勉強や板書が追いついていけない時、この場合は知的な遅れが隠れていることと読み書き障害・算数障害などの特異的学習障害（SLD）が隠れていることがあります。ヨーロッパなどでは、この2種類の困難については学校内で評価をしてくれます。日本では自治体によってはそういった検査を実施してくれるところがあることもありますが、学校でできないところが多いです。運動がついていけない時は、『発達性協調運動症／発達性協調運動障害（DCD）』やASDによる不器用さの可能性があります。こういった場合は、検査ができる児童相談所や発達障害支援センターなど自治体の支援施設や検査のとれる医療機関の受診をしましょう。

　クラスメイトとケンカが絶えない、同年代の友達ができないといった対人関係の難しさについては放置していても解決しないので、本当に孤立してしまわないように早めに医療機関を受診しましょう。

（2）　しばしば繰り返されるリストカットや自傷行為をした時

　しばしば繰り返される自傷行為ほど母親や教員を苦しめるものもなかなかありません。幾度となく「もう切らないで」と約束しても、全くその約束は守られることはありません。こういった状態に陥った時、愛情や説教は無力です。本当に子どもが苦しんでいるのに、親御さんや教員がアピールと決めつけて放置や叱責で対応すると、取り返しがつかなくなることもあります。たとえ本当はアピールのために手首を切って見せていても、不器用さから事故として命を落とすことが無いわけではありません。

　何が起こっているか、どう振る舞うべきか見極めが難しい、こういう時こそ専門家の意見を聞きに行きましょう。

（3）　自分で止められない手洗いや家族を巻き込んだしつこい確認といった強迫症状が見られる時

　子どもにとって繰り返し浮かぶ嫌な考えやそれを打ち消すための風変わりな行動（強迫観念・強迫行為）は、健康な子どもでも幾分かはもっているものです。しかし、それが医療介入が必要なほど増えてしまうと自力では解決することができません。また、洗浄強迫（「まだ汚れている」と感じてやめたくとも手洗いが止まらない状態や「大丈夫？」というように家族に確認を強要することが止まらないなどといった状態）になってしまうと薬でないと対処できないため、このようになってしまった時は速やかに受診しましょう。

（4）　母親が子どもの応対に疲れてすっかり余裕がなくなってしまった時

　子どもが発達障害の診断を受けていても、診断基準を満たさない程度の偏りがある時であっても、いくら愛情にあふれていても、母親も人間なのですっかり疲れ果ててしまうということは起こり得ます。そういった時は、母親や家庭だけでは支えきれないので医療機関や行政の支援を受けましょう。

（5）　登校前の腹痛や1か月以上登校しない時

　登校前の腹痛や朝どうしても起きれないなどといった症状は不登校の前兆です。そういった症状が不登校に展開する前に専門家に相談すると、不登校を防げることがあります。どんな子どもでも学校にどうしても行きたくない／いけない日というものは存在します。しかし、健康度の高い子どもでは何日間か休んだ後は自主的に登校を再開します。登校できない状態が1か月以上続いてしまうと、まず自力での再登校は困

難です（病気や経済的な理由など以外で、年間計 30 日以上欠席した場合を「不登校」と言います）。学年が変われば、学期が変われば、そのうち登校するだろうでは、絶対に再登校は起きません。そのままひきこもりへの道を進んでしまうので、専門家に相談しましょう。重要なことなのでもう一度言います。不登校は、がんと同じく放置すれば必ず悪化します。ぜひできるだけ早く専門家にご相談ください。

（6）　その他

　チック症や吃音などは、自然治癒も多いため、必ずしも「ことばの教室」の利用や医療機関の受診は必要ではありませんが、日常生活レベルで障害になるほどひどい時には受診をお勧めします。

② 病院では治らないトラブルとは？
　〜やりたくてやっていること〜

　親御さんや担任の先生はよく病院に過剰な期待をするものですが、当然病院では治せるものと治せないものがあります。病院がお役に立てるところは、なりたくないのになってしまった病気や障害によるうまくいかなさのように「やりたいのに思い通りできない」です。逆に、全くお役に立てないのは「やりたいからやっている」です。薬や医療的援助が全く歯が立たないのは、こういった本人の意思でやっていることです。代表的なものは、万引きや徘徊（はいかい）などの非行がこれに当たります。思春期以降の家庭内を含む暴力もこれに当たるでしょう。自分でその行動を選んで行っているものです。

　これらの行動を変化させるには司法と教育です。非行であれば各自治体に設置している警察 OB が行っている “少年サポートセンター” へ相談し、暴力であれば生活安全課など警察に相談しましょう。薬は何の役にも立ちません。一方、小学校低学年までの暴力は、自分の意思というより赤ちゃんが大声で泣いているのと同じように「それしかできない」ですので、こういったものに対しては医療によるお手伝いが可能です。

③ 病院の診療科と選び方

　子どもの診療を引き受けてくれる診療科は大きく分けて３つです。小児科、心療内科、児童精神科です。ここでは、それぞれの特徴や得意分野、デメリットについて説明します。

（1）小児科

　熱心で正義感の強いお医者さんが多い小児科では、子ども個人の体や心の成長について診ています。最大の利点は数が多いことと、受診のハードルが低いことです。しかし、すべての小児科が子どものこころのトラブルや発達障害への支援について対応しているわけではなく、小児神経を専門にしているお医者さんがそういったことを担当しています。受診をする前に困っている問題について対応可能かどうか、電話で尋ねてから受診しましょう。

　小児科は体の薬については最新ですが、子どものこころのトラブルに使う薬の知識はそれほど詳しくないのが一般的です。最新型のこころの薬を試したいなら児童精神科を受診しましょう。また、小児科が苦手としている点は、薬以外にどうしたらよいかという対応法と、不安な親御さんへのサポートです。

（2）心療内科

　もともとは「悩みがあると内科的なトラブルが起きやすい」について治療を行う科ですが、現在では摂食障害の専門科のようになっています（心療内科単独でなく「心療内科、精神科」となっているところは、「実質には心療内科ではなく精神科である」ことがほとんどです）。ここでは食事をとらないで体重が30〜20kg台になってしまった人へチューブで栄養を与えて体重を戻すなどの治療を行っています。基本は内科なので体の症状に対する治療はしてくれますが、子どもの起こすトラブルに対しては得意ではありません。不安な親御さんへのサポートも得意ではありません。

（3）児童精神科

　発達障害を中心とした子どもの起こす社会参加上のトラブルケアや母親のサポートについての専門家です。しかし、残念ながらわが国ではその数が圧倒的に足りません。岡山市や福岡市のように一つの市に10〜20人の児童精神科医がいるところもあれば、東北や北陸のように県に何人かしか存在しないところもあり、地域によりとても数の偏りが激しいのが難点です。

　このように、どの科を選んでも得意なところと苦手なところがあります、1歳半検診や3歳児検診で見つかる重症の発達障害児は、てんかん合併例も少なくないため、身体の問題とともに小児科でよく診ていますし、小学校・中学校での対人関係トラブル中心の場合は児童精神科医で診ていることが多いようです。

小児科	「疾患モデル」：「立ち向かう、お薬で治す、定型を目指す」 本人への働きかけが中心　体の成長を支え「できるだけ普通」を目指す
心療 内科	「悩みがあると内科的なトラブルが起きやすい」ことについて治療を行う 内科のため体の症状に対する治療が基本
児童 精神科	「社会モデル」：「社会参加を支える」 発達特性をもつ自分の受け入れ、社会との折り合い、成長を阻む環境へ の働きかけ

図3－1　各科の治療モデルと役割の違い

④　誰が困っているのか？

（1）　本人が困っている

　本人が困っているなら話は早いのです。できるだけ早く評判の良い病院を受診して専門家に相談を始めましょう。

（2）　本人は困っていないが、周りの大人が困っている

　周りの大人は困っているが本人だけ気づいていないパターンですが、これは親御さんや担任などの周囲の大人が本人が困らないよう、傷つかないよう守りすぎている状態と言えます。本人がやらかしたことがそのまま本人の評価や困りごとにつながるように、周りの大人たちは少し手を抜きましょう。本人が自分の判断や行動の結果、いろいろうまくいかないということに気づいてから受診した方が本人の治療への取り掛かりも良いようです。

（3）　担任は困っているが、本人や親御さんは困っていない

　本人や親御さんは特に困っておらず、担任だけが困っているという例もしばしば目にします。こういったケースでは「家庭では特に問題がない」ということが多いのです。家庭では特に問題がないのに学校ではトラブルといった状況は、どうして起こるのかを考えましょう。

　例えば、聴覚など感覚過敏のある子どもは、静かな自宅ではトラブルが少なく、騒がしい大人数の場所だとイライラ切れやすくなったり、不機嫌になることがあります。他には、担任の指示の出し方が本人に理解できないことや担任の声が大きい、言い方が厳しすぎるなどで本人が逆上してしまうケースなどが考えられます。まずは、「親御さんは家庭でのトラブルが本当に少ないと思っているのか」「病院に行きたくな

いので少ないと言っているのか」を見極めて、家庭でのトラブルが少ないのであれば、まずはその子への声掛けの声の大きさなど対応を変えてみましょう。担任の先生が様々な仮説を考えて対応しても学校でうまくいかないというのであれば、親御さんも受診に協力的になるでしょう。

（4）　学校が病院受診を勧める場合とその方法

　学校が受診を勧める多くの場合は、学校側（担任、教頭、特別支援教育コーディネーターだったりします）が親御さんの対応が悪いので学校でトラブルが起きている、あるいは本人の態度が悪いために学校でトラブルが起きていると思い込んで、親御さんと本人に「学校が困っているので病院に行ってください」と伝えているケースです。わが身の責任を振り返れずに人のせいにするモノの言い方で大人社会でトラブルにならないわけがありません。子どもがトラブルを起こしている時には、そのトラブルの原因を突き止めてその原因を除去することでトラブル解決を図りますが、本人要因でなく環境要因であることもたいへん多く見られます。本人へ負担を強いる前に環境要因、つまり学校側の条件、うるささ、指示の曖昧さ、声の大きさ、先生の不機嫌などを悪化条件はなかったのかと客観的吟味とその改善を行い、その後に本人や親御さんへ本人の要因の可能性についてお話ししましょう。環境要因の教育的対応は【教育編】で述べています。古代中国の有名な格言に「まず隗より始めよ」（言い出したものから実行せよ）とあります。子どもたちのお手本となる大人はこのように進めたいものです。

❺　病院を受診する時は学校から手紙を書こう

（1）　チームとして考える

　子どもの育ちは周りの大人の誰か一人が頑張っても支えきれません。家庭では親御さんが、学校では担任の先生などがその子の育ちを観察し支えているのです。お医者さんはプロとしてのアドバイスはできますが、生活そのものの観察や支えはできません。プロが正確な判断を下すためには、生活の見守っている親御さんや担任の先生からの情報が必要です。担任の先生はクラスの子の受診の際、ぜひ普段の教室での状況を手紙にしてお医者さんに伝えるようにしましょう。

（2）　病院に行く時に手紙で伝えるべき情報

　子どもが初めて病院受診（通院）する際に、担任の先生がお医者さんに伝える情報は、以下のような内容があります。表３-１のような形式で学校からの資料として親御さんに受診時に持参していただくと子どもの治療に役立ちます。

- **本人の所属**（普通級、支援級、通級、加配の有無、その所属はいつからか、どんなきっかけでその所属になったか）
- **学校で困っていること**（いつから、どんなシチュエーションで何が起きているか）
- **今までやってきた対応とその効果**（誰が：担任？ 教頭？ どんな対応をしたか）
- **学校（担任）が病院（医師）に聞きたいこと**

表3－1　病院に知ってもらうとよい学校での実態記録表

名前：	生年月日：	
学年： 　　　　　　年　　　組	所属級：　普通級　・　通級（　　　年生から）・支援級（　　　年生から） 加配：　有　・　無	
交流級担任： 支援級担任：	通級・支援級所属の場合、所属級変更の経緯：	
学校で困っていること：(いつから、どんなシチュエーションで何が起きているか、その後の本人の様子)		
今までやってきた対応とその効果：(誰が、どんな対応をして、どういう結果に至ったか)		
学校が医師に聞きたいこと：		

（3）　服薬が開始されて担任が行うこと

　子どものトラブル解決のためのチームの一員である担任の先生が、そのチームの司令塔となる専門家医師に観察した情報を伝える必要があります。服薬してからどのように本人の行動や適応が変化したか、あるいはしていないかを手紙などで伝えると治療が一段とうまくいくでしょう。

第4章

病院を受診したら

❶　初めての診察では何をするのか?

　「病院には行ってみたいけど何をするのか?」「何をされるのか分からないので心配」という方も少なくないと思います。必要な受診のタイミングを怖がりのために逃さないために、ここでは筆者が外来で初めて出会う患者さんと、診察室でどのようなやりとりをしているかを具体的に示します。

> 　診察室にお母さん（お父さん）と子どもが一緒に入ってきます。ご両親がそろって付き添われることもあります。
>
> 　私は、まず「本人に向かって」挨拶をします。今日の主役は子ども本人だからです。主役と言えども、自分から「今日、病院でしてほしいこと」を言える子どもはほとんどいません。
>
> 　そこで、名前と学年を本人に確認してから、「今、何か困っていることはありますか?」と尋ねます。概ね半分の子は「ありません!」と言います。他の子は「お母さんがうるさい、よく怒る」「学校に行けない」「勉強が難しい」「宿題が嫌」「お腹が痛くなる」「ゲームの時間が足りない」などと答えます。
>
> 　最初に、本人から困りごとを聞いた後、次に、お母さん（お父さん）に「心配されていることは何ですか?」と尋ねます。子どもの困っていることと、親御さんの心配が一致しないことはしばしば見られますが、まずは今、子どもの困っていることや親御さんが心配していることが、いつ頃から、どんなふうに始まって、どうなっていったのか、どの点に困っているのか（心配しているのか）を尋ねていきます。

　ここで、「診察スタイル」について説明します。子どもの診察では医師によって診察のスタイルが多少違います。一番の違いは、子どもと親御さんと同時に会うか、別々に会うかです。私は親子の間にできるだけタブーや秘密を減らしていきたいので、「親子同席面接」をいつもしています。親子同席面接のメリットは、お互いが自分に都合の良い話をしない、話につじつまが合わなくなることが少ない、医師が子どもに話している内容を親に聞いてもらえる、反対に親に話している内容を子どもに聞かせることができるなどです。

それ以外の診察スタイルを使っているお医者さんは、親子別々に話を聞きます。これのメリットは話しにくいことを細かいところまで聞き出すことができることです。その代わり子どもと話している時は親が不安になりますし、親と話している時は子どもが不安になりやすいことがあります。別々に話を聞いているので話が食い違い、事実確認が困難になることがあります。

> 　私の面接ではその後、本人の頑張りへのねぎらいと親御さんの努力へのねぎらいを行いつつ、客観的に何が起こったのかを明らかにしていきます。その後は、子どもの困りごとと親の心配ごとのズレについて、子どもの言い分と親の言い分を通訳していきます。
> 　そうして、子どもの困りごとと親の心配ごと、両方にバランスを取った治療目標を提示します。

　ここで大事なのは、診断よりも何よりも必要なことは、今の困りごとに対する対処方法の提示です。必ずしも初めの診察から診断名を告げるわけではありません。今起きているトラブルをどう理解し、どう立ち向かったらよいかということから始めます。

② 本人・親御さんは、受診に当たってどんなことを病院に伝えたらよいか？

　まずは、今起きている困りごとについて伝えます。今起きている困りごとは最近始まったのか、それとも昔から似たようなことがあったのかの情報がまず必要です。最近に起きたのであれば同じ頃にどんな環境の変化があったかも合わせて伝える必要があります。それがきっかけかもしれません。

　初めて行く病院には、今までの子育てで起きた幼少期からの難しさについて、例えば、なかなか寝ない赤ん坊だった、小さな頃から偏食が多かった、3歳児検診で遅れが気になって相談したけど「様子を見ましょう」と言われた、などのことを伝えてください。トラブルにはならなかったけど気になったことも重要な情報です。その他、今までの成長度合いやトラブルについての相談歴、受診歴も伝えてください。その時、どういったことを心配してどこに相談して、なんと言われたかもとても重要な情報です。

　次に、今起きているトラブルについて、学校や保育所・幼稚園とどのような話になっているのかを伝えてください。学校や保育所・幼稚園が割と理解があってよくサポートしてくれているのか、非常に厳しくて「良くなるまで来ないでください」など、拒

否定的な態度なのかで今後の計画が変わってきます。あとは、きょうだいや友達などとの人間関係がどうかなどが分かるとより良いと思います。

❸ アセスメント（評価）はどこをみているのか？ 診断とはどういうことか？

アセスメント（評価）は、概ねその診断の重症度や偏り具合を評価することと、その人の適応具合を評価することに用いられます。適応具合の評価では、認知能力や判断力の評価、不安度合いの評価、行動の評価、知的能力の評価などを行います。

診断は、聞き取った情報や検査の結果、今出ている症状は現在の診断基準（DSMやICD）やガイドラインでどういった疾患や障害に当たるのかを特定するものです。それには、一次併存、二次併存を問わず、今出ている症状・疾患への診断と発達障害や知的障害などの生来性の偏りについてそれぞれ何と診断されるか、あるいは診断基準に満たないため診断しないかということを示します。つまり、診断で示すべきは一次併存、二次併存にかかわらず、<u>今ある精神疾患への診断</u>と<u>生まれついてもっている知的障害や発達障害についての診断という2種類を記載する</u>ことになります。

医師による診断は、病院で保険診療を受けるためや行政サービスを受けるために必要なパスポートのようなものです。多くの社会的サポートは「診断」がないと利用できません。

❹ 検査についてどうみるのか？

検査は必ずしも必要ではありませんが、慣れていないお医者さんほどたくさんの検査が必要となります。慣れていなさそうなのに検査をしないお医者さんだと少し心配です。どの検査が必要か分かっているお医者さんばかりではありません。検査をしなくても、子どもの特徴をよく分かってくれるお医者さんであれば、特に検査をする必要はないと思います。しかし、子どもの特性を十分理解していないのに検査もしないなら、他のお医者さんに相談するのも一つの方法です。

❺ 今起きている問題についてお医者さんと共有

お医者さんによって1回目の診察のこともあり、3〜4回目のこともありますが、子どもと困りごとについてそのお医者さんに理解してもらったら、①客観的にどういうトラブルが起きたのか、②本人はどのような発達特性があり、それが今回のトラブルにどう影響したか、を説明してもらいましょう（学校の先生も一緒に聞けて質問な

どできたらとてもよいのですが…）。そして、今から病院ですること（グループ活動や療育など）、薬でできること、家庭でできること、学校でできること、というように、今後の対応についてまとめて聞くとよいでしょう。

❻ 薬を使いたくない、という親御さんへ

　最近は、SDM：Shared decision making（共同意思決定）といって、医師が提示する治療の選択肢の中から、患者さんができるだけやり方を選ぶというのが主流になりつつあります。どんな医療でもそうですが、薬で良くなる部分と薬以外で良くなる部分は同じではありません。ここで、がんの治療を思い描いてもらうと分かりやすいのですが、がんの治療では外科的療法、化学療法、放射線療法、保存的療法などがあります。それぞれの治療の仕方にそれぞれの良いところがあり、多くの場合はそれらを組み合わせてその人にベストな治療を行います。なぜ組み合わせるかというと、それぞれの療法には、○○には良いが、××には効かないという守備範囲があるからです。精神科も同じです。「薬は飲ませたくありません。カウンセリングだけで」と言うならば、それも治療として選択できますが、薬でしか効かない部分の改善については諦めることになります。

　なお、お話し療法は「どう生きるか」には役立ちますが、それだけでは今のトラブル解決には向きません。逆に話のない薬物療法だけもあまり効果がありません。薬物療法の併用でイライラを減らしてからだと子ども本人も話を受け入れやすくします。このように組み合わせることによって、より効果が発揮できるのです。どうしても薬が怖ければ、まず薬なしでやってみて、それでもうまくいかなければ薬を使うという選択も考えてみてはどうでしょうか。

❼ 病院に行ってみて「発達障害ではありません」「診断は付けられません」と言われた時

　このように言われるのは、おそらく本人や親御さんが「発達障害ではないですか？」と思われて受診されている時だと思います。では、ここでなぜ「発達障害ではないか？」と推測して受診したのかを考えてみましょう。

　もし、発達障害はあるけれど特に生活に支障はないならば、そもそも病院を受診しているでしょうか？　人は「けがをしたので治したい」「病気にかかったので何とかしてほしい」など困ったことがなければ病院には行きません。ですから、発達障害があったとしても困りごとがなければまず受診することはないでしょう。先に困ったことがある人は受診すると述べましたが、子どもや親御さんは何に困って受診したので

しょう？　おそらく、学校または家庭でうまくいかないことに困って受診したのだと思います。学校でうまくいかない理由では、対人関係がうまくいかない、勉強がうまくいかない、担任や授業方式などシステムとうまくいかないなどが挙げられます。家庭でうまくいかないことには、おねしょや睡眠など年齢相応の行動ができない、癇癪やきょうだいげんかなど共同生活に困難がある等が挙げられます。本人や親御さんが今述べたような理由で困って受診するならば、「学校で友達とうまくいかないので困っています」「勉強がついていけません」「きょうだいげんかがひどくて困っています」などと困りごとを訴えて受診します。しかし、その困りごとの理由が特に気になっている時「（トラブルの原因は）発達障害ではないですか」や「（トラブルの原因は）私の親の育て方が悪かったのでしょうか」などと言って受診をします。つまり、今困っていることは別にあるけれど、その理由が××であるという仮説をもっている人が「〇〇ではないでしょうか？」として受診するのです。

　こういった訴えの場合、本来であれば医療側は「今起きている困りごとがなぜ起きているか」と「その対処法」と「発達障害のせいかどうか」や「私の育て方が悪かったんでしょうか」など、親御さんや本人が気になっていることへの回答という３つを示す必要があります。しかし、ここで皆さんもご存じのように、子どもの診療を上手にする病院やお医者さんはものすごく少ないのです。そして、今示したように、この３つに答えなさいなどといったことが書いてある教科書もありません。ですから、専門のお医者さんの少なさや共通したマニュアルのなさから「子どもの診療にあまり慣れていないお医者さんも子どもの診察をしなくてはいけない」「慣れていないお医者さん用のマニュアルがない」などの問題が起こってきます。

　このような理由で、本人や親御さんが知りたいことや求めていることへの柔軟な対応が医療全体で十分でないということが起こっています。ですから、本人や親御さんが一番心配している「発達障害ですか？」ということに対して、慣れていないお医者さんは四角四面の対応しかできないことがよく見受けられます。四角四面の対応とは、「診断基準に書いてある症状以外は発達障害の症状ではない」「診断基準を満たしてなければ発達障害ではない」「検査だけで発達障害かどうか分かる」などといった対応になることです。子ども診療に慣れている医師の数が少ない中、一生懸命頑張ってくれている専門でないお医者さんがいることはとてもありがたいのですが、残念ながら親御さんたちが求めているほど上手に答えられないことがあります。発達障害のある子どもを扱うのに慣れていない親御さんと発達障害に慣れていないお医者さんの間でよく起こることと言えます。

　では、どうするともっとお医者さんと話ができるでしょうか。それは、発達障害かどうかということを話題の中心にするのではなく、「今困っていることについてどう

いうことができますか？」という話を中心にすると良いのです。実際の児童診療では発達障害の診断が付くかどうかというのは、今のトラブル解決にはあまり関係がありません。むしろ、今のトラブルはどうやったら解決、あるいは軽減できるかが大事なのです。そのうまくやる方法を理解するのに診断ではなく、発達障害によく見られる行動（発達特性）として理解する部分がどれくらいあるかということが役に立ちます。ですから、「発達障害ですか？（＝診断が付きますか？）」ではなく「診断基準の何割くらい症状が似ていますか？」といった聞き方が良いでしょう。診断基準のすべてを満たせば診断できることになりますが、何割満たしますか？というのは、「いわゆる」グレーゾーンであるかどうかを教えてもらうことになります。実際の子どものトラブルは「いわゆる」グレーゾーンでも診断が付いても似たようなものになりますので、診断が下りるかどうかは問題解決には大きな影響はありません。学校の先生と対応策を考える時も「診断は付けられないけれど、診断基準の半分程度は満たしている」などといった具体性が学校の指導に大きく役立ちます。

第5章

治療ではどんなことをするのか
～困りごと別の対応と使う薬～

　治療では、診断された疾患に対する治療と生来性の障害がもたらす生きにくさへの治療と、適応の悪さによる生きにくさの軽減を行います。この治療には薬の処方、認知行動療法、グループ療法、生活に対する助言、自己理解、利用できる社会資源の紹介などを行います。

① 授業中の立ち歩きや落ち着きのなさ

　「授業中に席にじっとしていられない、落ち着きがないので病院に行って薬をもらってくださいと学校から言われました」と言って受診する人は少なくありません。人によっては「ADHD なので薬をもらってください」と学校から言われた人もいます。

　多動や立ち歩きは ADHD なのでしょうか？　そもそも子どもは多動です。不注意です。衝動的です。それが子どもです。そういった状態に薬を飲ませるには、それらの症状が度を越えて年齢不相応でないといけません。つまり「言うことを聞かないから薬を飲ませましょう」ではないということです（ちなみに子どもは一般的に「言うことをと聞かない」ものです）。学校の先生の中には「言うことを聞かない」「指導に従わない」のは発達障害だと思っている人もいます。逆に度を越えてできないことがあっても「そのうちできるようになります」と過剰に楽天的に見る人もいます。どちらも子どものちょうど良い育ちには合わないようです。

（1）　診断基準

　私たち児童精神科医は、この子どもたちの多動・衝動性が並外れて年齢不相応からどうかを吟味するために診断基準というものを使います。一般的には、アメリカで精神障害の診断・統計用として使われている DSM（現在は DSM-5-TR）と、世界中で使用されている国際疾病分類である IDC（現在は ICD10 ⇒ 11 に変更中）の 2 つが主に使われる診断基準です。2 つの基準の使い分けは、概ね日本の医療機関では DSM を使い、書類の申請など行政関連では ICD を使います。2 種類の基準があるのは、なかなか不便ですが、日本での一般的な慣習なので仕方がありません。特に、病院では DSM に記載してある診断基準に沿って診断名を付けます。一方、役所への届出等

は ICD で記載することになっています。

　そもそも一般的に子どもはおおむね「多動、衝動、不注意」ですから、診断基準ではどのような多動・衝動性がいつ頃から、どのくらい、どのような場所で出現するかなど詳しく規定されています。このように、診断するためには行動について十分に話を伺い、すべてが基準以上であることが求められます。

　病院に行って今の症状が何の原因で起こっているのかを正確に判断してもらうには、先ほど述べたように、**どのような症状がいつ頃から、どのくらい、どのような場所で出現するか**をできるだけ正確に、診断する医師に伝えなくてはいけません。家庭の様子だけでなく、学校の様子も知ってもらう必要があるので、担任の先生も手紙を書いて親御さんに渡しておくのがよいでしょう。当然、多動・衝動性、不注意の原因がADHD ではない人には ADHD の薬は効きません。診断をきちんと行うということは、そういった不適応行動へ有効な対応をするためにどうしても必要なことです。診断を間違うと効かない薬を飲んで副作用ばかりで苦しむ、あるいはいつまでも症状に困らされて苦しむなどといったことになってしまいます。

　立ち歩きや指示に従わないのは、実際は ADHD ではなくても、周囲から「ADHDでは？」と思われやすい症状です。そういった症状の原因には ADHD 以外に ASDや知的障害、睡眠時無呼吸症や寝不足などの可能性があります。それぞれへの対応や薬治療について説明します。どの状態で起こっている時も環境調整（それが起きている場所で困った症状があらわれにくくなるか）と、必要があれば服薬があります。

（2）　ADHD の薬

　ADHD で立ち歩きや指示に従わないことが見られる時は、担任のすぐそばの席にして、周りの刺激より先生からの刺激が大きい状態にする、本人の段取りや見通しが悪いのでその日の時間割だけでなく、「○時×分から音読、▽時□分頃から漢字の練習をします」など授業内の時間割を示す、といった指導をすることによって、気が散りにくくなるでしょう。それでも、ごそごそする子どもには、黒板消し係やプリント配り係など授業内での役割をもたせると良いようです。日本で子どもに使えるADHD の薬には、次の 4 剤です。また、表 5 - 1 には、それぞれの効果時間や主な副作用について示しました。

> ・コンサータ® （メチルフェニデート）
> ・ストラテラ® （アトモキセチン）
> ・インチュニブ® （グアンファシン）
> ・ビバンセ® （リスデキサンフェタミンメシル酸塩）

表5−1　ADHD薬の使用量と主な副作用

薬のタイプ	臨床で使う量／日		効果時間	主な副作用
	小児	成人		
コンサータ® 中枢神経刺激薬	18 mg〜45mg	18mg〜72㎎	服薬から概ね 12時間	食欲減退、不眠、 動悸
ストラテラ® 非中枢神経刺激薬	体重により換算	40mg〜120mg	1日中	悪心、食欲減退、 頭痛、傾眠
インチュニブ® 非中枢神経刺激薬	体重により換算	2mg〜6mg	1日中	傾眠、頭痛、 低血圧
ビバンセ® 中枢神経刺激薬	30mg〜70mg	成人の適応はなし	服薬から概ね 14時間	食欲減退、不眠、 体重減少、頻脈

　薬の副作用は、必ず出るものではありません。すべての薬に言えることですが、薬はその作用に期待して服薬するもので、作用によるメリットが副作用によるデメリットを超える時に継続します。副作用がひどい時は止めて他の薬に変えることを考えましょう。ただし、副作用のない薬や少ない薬には効果を発揮するものが少ないことも事実です。副作用ばかり怖がっていても薬の良い作用を利用することができなくなるので注意が必要です。

　子どもの服薬について、服薬を続けることによる依存症（薬をやめられなくなるのでは？）を心配される親御さんはとても多いのですが、ADHDのこの4剤については依存は起こらないことが分かっています。

　また、「薬に頼りすぎて本人の力が伸びないのでは？」という心配をされる方もいますが、「自分の力で」と薬の力に頼らずいつまでも成果が出なければ、本人のモチベーションまで下がってしまいます。薬に頼っても「本人以上の能力」を出すことはできません。服薬には、「本人の能力発揮を邪魔しているものを取り除く」効果があるだけです。

　「一生飲まなくてはいけませんか？」という心配については、「一生飲む必要はありません」。ADHDの生活を障害している症状は年齢とともに成長して消えていくものが多くあります。ADHDの症状が生活を障害する割合が減れば減量し、止めていきましょう。ここからは、この4剤の選び方について解説します。

コンサータ®（メチルフェニデート）

　コンサータ®は、中枢神経刺激薬で注意力を高め集中させる効果があります。特にボーっとしている不注意や取り掛かりの悪さに効果が高い薬です。報酬系（頑張って何かを手に入れる）に効果が高いといわれ、朝の支度にやたら時間がかかる、言われ

たことに取り掛からない、何かと先延ばしにするなど「取り掛かりの遅さ」が問題になっている人に良いようです。服薬から最長12時間効果があるという薬剤のため、「服薬した日だけ効く」「必要ない日は服薬しない」という使い方ができる薬でもあります。副作用の食欲不振を心配される人たちには、ウィークデーは服用し、週末は休薬するといった人もいます。

　10年ほど前までは「コンサータ®は多動・衝動性に効く、興奮や粗暴行為に良い」などといわれたこともありますが、中枢神経の刺激薬ということもあり、どちらかというと興奮させ、活発にする薬ですので興奮や粗暴行為には向きません。粗暴の時にはインチュニブなど鎮静系の薬が良いでしょう。

ストラテラ®（アトモキセチン）

　ストラテラ®の特徴は、もともと抗うつ薬として開発されたにもかかわらず、抗うつ効果よりADHDへの効果が目立った薬であること、1日1回から2回の服用で24時間効果が持続すること（このような飲み方なので休薬には向きません）、段取り、計画、ペース配分といった実行機能（やるべきことのコントロール）に特化しているという点です。これらのことから、目についたものが気になって物事の優先順位が分からなくなるといったADHDでよく見られる不注意の一つ「過集中」に良いようです。テストの最初の問題がうまく解けずに2問目から白紙になってしまうといったことが過集中の例です。この薬は、バランスが悪く偏りが強い失敗に向いているそうです。様々にある刺激の中から「今やるべきこと」を見つけるという実行機能の改善がこの過集中の改善に当たるようです。

インチュニブ®（グアンファシン）

　インチュニブ®は、他の3剤と違って神経の高ぶりを抑える（コンサータ®とビバンセ®は中枢神経刺激薬、ストラテラ®は広義の抗うつ薬の仲間）ために「鎮静系」と呼ぶ人もいます。このことから分かるように、興奮を抑える効果があるので怒りっぽい子や粗暴行為の子に投与することが少なくありません。中心的な効果としては、今やるべきことに強く集中することと、周囲の刺激に気が取られなくなることです。そのせいで周囲の刺激に気が散らず、やるべきことから気が逸れないという効果を期待する時に使います。取り掛かりは良いけれど、いつも最後まで終わらないといった人が対象になるでしょう。

ビバンセ®（リスデキサンフェタミンメシル酸塩）

　ビバンセ®は、コンサータ®と同じ中枢神経刺激薬になります。中枢神経刺激薬と

は脳そのものを興奮させ集中力を高める薬です。アメリカでは第一選択薬として最も広く使われている薬です。ただし、日本ではその原材料がアンフェタミンという覚せい剤類似物質なため、当局が使用を嫌がりあまり一般的にはなっていないようです。覚せい剤類似物質ということで使用について心配される方も少なくありませんが、覚せい剤のように乱用、依存するためには服用してすぐに薬の効果が出る必要がありますが、薬の作り方によってゆっくりとした立ち上がりしか起こらないので、依存・乱用の危険性はものすごく低いようです。

　日本では、ガイドライン上、他の３つの薬で効果が不十分な時に使える薬となっています。効果・副作用ともコンサータ®に似ていますが、効果持続時間がコンサータ®の12時間に比べ14時間程度と少し長くなります。そのため、早く就寝する幼い子には使いにくいのですが、塾などに通う高学年の子どもには集中力が続くと評判が良いようです。塾や受験の時には効果的かもしれません。

（3）　ADHD 以外の立ち歩きへの対応

　次に、ASD で立ち歩きや指示に従わない子どもへの対応を説明します。ASD の特徴の一つとして「興味があることには飛びつき、興味のないことには見向きもしない」があります。また、「周囲からの刺激にすぐ反応してしまう」「その場でどう振る舞わなければいけないかという社会的に適切な行動がよく分からない」という特徴もあります。これらのことから、授業中にもかかわらず自分が気になったことがあると（例えば学校の上空をヘリコプターが飛来した、同級生の持っている筆箱が気になった）、そちらに興味・集中が一挙に移ってしまい、現在授業中であることや着席していないといけないことなどを忘れて窓に近づいたり、友達の筆箱を手に取ったりすることがあります。また、興味・関心がないことには一切集中できないことや他のことに気を取られて先生の話を聞いていないことなどから一斉指示を聞き漏らしたり、反応できなかったりすることが見られます。

　これらの対応については、①刺激を減らす ②興味の持てる題材にするなどがあります。

　①の刺激を減らす対応としては、よく知られているものにイヤーマフや耳栓などがありますが、ASD の易刺激性に対して（いわゆる感覚過敏）使用できる薬にエビリファイ®（アリピプラゾール）というものがあります（後述の感覚過敏で詳細）。この薬は刺激に対する過敏さを減らしてくれるので、ちょっとした刺激に飛びつくことを減らすことが期待できます。ただし、刺激されやすさについて使う量は0.5～3mg程度です。3mgを超えると怒りっぽくなったり、ソワソワしたり食欲が出過ぎたり、夜中に目が覚めるといった副作用がたいへん出やすくなります。この薬は子どもには15

mgまで使えるようになっているので、しばしばたくさん服薬しているせいで逆に落ち着かなくなる子を見ることがあります。

　②の興味の持てる題材は、他にも40人近くの生徒がいる中、なかなか難しいところがありますが、授業の何回かに1回本人の活躍できる場面を作ってあげる（国語や算数など教科の説明をする時に本人が好きな電車の話を混ぜる等）、自分の興味があるものをクラスのみんなが話題にすることで授業に対する興味がわくこともあります。

　知的障害や全般的な学習の遅れの子どもの立ち歩きや指示に従わないについての中心は、「よく分かっていない」です。「今、何をする時間か」「何を求められているか」が分かっていなければ授業中でも立ち歩くし、指示されている内容の意味が分からなければ言うことを聞きません。それどころか、難しいことばかり聞かされていると先生の話すべてに耳を閉ざしてしまうので、簡単な指示すら通じなくなることがあります。これらから考えると、本人の理解力に合わせた集団への参加や指示の出し方が重要なことが分かります。本人の能力を超えた要求をして本人が混乱したり、苦しんだりしないように気をつけましょう。

　その他、夜更かしによる睡眠不足や睡眠時無呼吸症などによる睡眠不足でもADHDのように怒りっぽくなったり、ボーっとしたり指示を聞き漏らしたりすることはよくあります。ADHDに見える不注意、多動・衝動性によるトラブルがある子どもにはまず十分な睡眠がとれているかどうか聞いてみる必要があります。

❷　感覚過敏 〜音がうるさく感じる、夜すぐに目が覚める、いつもイライラしている、極端な偏食など〜

（1）　感覚過敏の特徴と対応

　音がうるさく感じる、夜すぐに目が覚める、いつもイライラしている、極端な偏食など感覚過敏による困りごとなどがある時は、子どもに感覚過敏があるかもしれません。『感覚過敏』とは、知覚、聴覚、嗅覚などの五感や肌ざわりなどが他の子より鋭すぎる状態をいいます。診断基準を満たすかどうかにかかわらず、自閉傾向が少しでもある子に見られる過敏さです。行動にはほとんど見られないのに感覚過敏だけある子どももいます。この過敏さがあると騒がしい場所でイライラしやすい、特定の服しか着たがらない、音楽の授業で具合が悪くなる、どこに行っても「くさい、くさい」と言う、決まった銘柄の牛乳しか飲まない、夜ちょっとした物音でも起きてしまう、偏食が強く決まったものしか食べないといった一見わがままな振る舞いのように見えるつらさを訴えます。感覚過敏の存在を知らないと大人は「それぐらい我慢しなさい」「そのうち慣れるよ」などと言い、本人の苦しいという訴えを軽視しがちです。感覚

過敏はそういった対応で耐えられるような軽いものではなく、爪の間に針を刺したり、擦り傷に塩を塗り込んだりするようなひどい苦しみとして本人には感じられています。本人がそういったつらさを訴えている時は、早急な対応が必要です。

　その対応には、「物理的な対応」と「薬での対応」があります（図5－1）。物理的な対応では、その場を離れるのが最も良いですが、教室で授業に参加せざるを得ないなどという時は、音の感覚過敏に対して耳栓やイヤーマフ、ノイズキャンセリング機能付きイヤホンなどを使うこともあります。まぶしさや人に見られる感覚への過敏さについては、帽子やパーカーの着用、大人ではサングラスなどを使います。

　味覚、嗅覚、口内感覚の過敏だと強い偏食がでますが、我慢して食べるといったレベルではないので、食べられないものに関しては「食べないことにする」が正しい対応です。給食などで残すことを許されないという対応が学校からあった時には、お医者さんから「感覚過敏のために給食の摂取が困難である」という診断書をもらい、合理的配慮として給食の代わりにお弁当を持って行くなどの対応が必要です。学校の先生の中には、感覚過敏による偏食をわがままとして捉える人はまだまだ多いようですが、アレルギーのある子どもに青魚を無理やり食べさせるようなものとの理解が必要です。我慢や努力で乗り越えられるものではありません。法令に基づいて合理的配慮として対応してもらいましょう。

　肌の感覚（触覚）の過敏な子どもは肌触りの悪い服や締め付けられる感覚が苦手です。そのため、制服、靴下、長ズボンなどが着用できないことがあります。触覚の過敏さについては、成長とともに随分和らぐことが知られていますが、過敏さが出てい

第5章　治療ではどんなことをするのか

感覚過敏	過敏さ・鈍感さでの困りごと	過敏さ・鈍感さへの対応	効果的な薬
視覚	まぶしさ 人に見られる気がする	帽子やパーカーの着用 サングラスの着用	エビリファイ® 0.5〜3mg
味覚	決まった銘柄の牛乳しか飲まない 偏食で決まったものしか食べない	「食べないことにする」 給食には合理的配慮申請	
聴覚	騒がしい場所でイライラする 音楽の授業で具合が悪くなる	耳栓やイヤーマフ、ノイズキャンセリング機能付きイヤホン	
触覚	特定の服しか着たがらない 制服や靴下を嫌がる	本人が我慢できる範囲の服装	
嗅覚	どこに行っても「くさい」と言う	その場を離れる 安心できる香を持ち歩く	

図5－1　感覚過敏・感覚鈍感への対応と薬

るその時点では我慢できるものではありません。そのため、本人の我慢できる範囲の服装で登校するのがよいです。校長先生や担任の先生と一緒にどういう服装で登校するか相談しましょう。

（2）　感覚過敏の薬

　次に、薬による対処法を説明します。ASD に関連した感覚過敏についての特効薬はエビリファイ®です。人によってはほんの少量の投与でも、今までの感覚過敏が嘘のように軽減することが見られます。

エビリファイ®（アリピプラゾール）

　エビリファイ®は、自閉スペクトラム症の易刺激性に対して正式に認可されている薬ですので安心して使えます。感覚過敏について使用する量は概ね 0.5 ～ 3 mgになります。この薬はたいへん良い薬ですが「アカシジア」というイライラする副作用が出やすいため、3 mgより多く使うとイライラする、ソワソワ落ちつかない、いつも何かを食べたがる、じっとしていられない、夜何度も目を覚ますといった副作用が出現することがあります。そういった時は投薬量を減らして 3 mg以下にしてもらいましょう。人によっては、1.5mgや 2 mgなど、3 mgより少ない量でもアカシジアが出ることもあります。

（3）　感覚鈍麻

　次に、感覚過敏に関連して『感覚鈍麻』という状態も知られています。具体的にはけがをしても痛みを感じない、空腹やのどの渇きに気づかない、おしっこがたまってきているのが分からない、疲れや眠気に気づきにくいなどがあります。感覚過敏という外部からの刺激に対しての過敏さに比べ、疲れや空腹など体の中から出てくる信号に対しての鈍さが特徴です。

　こういった鈍さから我慢の限界を超えるギリギリまで気づかないため、限界を超えた時に突然痛みに気づいて泣き叫ぶ、いったんお腹がすいたと言うとすぐに何か食べないと泣き叫ぶ、尿意に気づいた時にはすでにトイレに間に合わなくなっている・おもらしをしてしまう、夜尿がなかなか治らない、遊びに出かけても帰る頃には毎回癇癪や泣き叫びになる、突然変なところで寝てしまって起きないといったことが起こります。これらの鈍さは大人になってもあまり変わりません。本人に注意しても気づけるようにはならないので、タイマーを使った休憩やトイレへの促しをしましょう。おねしょ対応には夜間のおしっこを止める薬のミニリンメルト®（デスモプレシン酢酸塩水和物）という薬を使うことがあります。

③ 手洗いやしつこい確認

　もともと自閉傾向のある子どもの中には、「きれい、汚い」を過剰に気にする子どもがいますが、「きれい、汚い」が気になるだけでなく、それがいつも頭を占めてしまう状態になることもあります。一般には『潔癖症』といわれる状態です。こうなってしまうと長い時間手を洗う、何でもアルコール消毒しないと気が済まない、1日に何回も着替える、お風呂からなかなか出られないなどという行動で生活に支障をきたします。いつも汚れが気になる状態で、自分が洗ったりきれいにするだけでなく、家族にも同じようにすることを強要したり、きれいであるか、大丈夫であるかを何度も確認するようになります。

　また、戸締りをきちんとしたかや火事にならないかなどが気になりすぎてそれが頭を占めてしまうこともあります。これらは『強迫性障害』という病気の状態です。不登校や不適応に関連して出現することも少なくありません。

　強迫性障害は不安の障害の中の一つですが、本当の不安はきれい／汚いや戸締りをしたかどうかではなく、「学校でうまくいかない」や「先生に怒られるかも」なのです。本人にも手を洗う原因（本当の不安）がきれい／汚いではなく、本当は学校のことが気になっているということはなかなか気づけません。本当の不安と関係ないことを一生懸命やっているため、どれだけ手を洗ってもきれいになった気はしません。つまり、不安は消えないのです。こういった場合は、気になっていることを思う存分するのではなく、本当に不安なことは何かを突き止める必要があります。この状態になると親の声掛けや先生の指導では衝動はなくなりません。病院に行く必要があります。幸い、この症状については薬がたいへんよく効くので、自分たちでどうにかしようとせず速やかに病院を受診しましょう。これらの症状によく使われるのは、ルボックス®、またはデプロメール®です。

ルボックス®、デプロメール®（フルボキサミン）

　ルボックス®、デプロメール®は、売っている会社が違うので商品名が違うのですが、どちらもフルボキサミンという薬です。25〜150mgまで使います。このような強迫症状にたいへんよく効く薬ですが、吐き気やのどの渇きといった副作用が出ることがあります。強迫症状が治まってしばらくしてから薬を減らしていきます。

❹ ひどい癇癪 ···

（1） 癇癪の原因と薬

　ひどい癇癪が出ている時は、その癇癪がいつから出ているかがとても重要です。昔から同じように出ているのか、最近ひどくなったのかという、いつから、どの場所で、どのくらいの頻度で、どういったことがきっかけで起きたのかが重要になります。癇癪とは我慢ができないことの結果と言えますが、この本人にとって我慢できないということが、何を指しているのかによって対応が違います。爆発を起きにくくする薬を服用して爆発を少なくした後、なぜ、何が我慢できないのかを調べていきます。このいったん爆発を減らす時に一般的によく使われるのが、リスパダール®（リスペリドン）です。

　我慢のできない状態になってしまった原因には、「感覚過敏による苦しさ」「我慢のさせ過ぎ」「思い通りにならないことを含む予想と違うことが起きてしまう（想定外）」「癇癪を出すと周りが言うことを聞いてくれるという誤学習」などがあります。

　感覚過敏のケースは、本章の2の「（1） 感覚過敏の特徴と対応」で説明しました。学校の先生や親御さんは子どもにとって嫌なことが起きた時よく「我慢をしなさい」「我慢のできる子になりなさい」と言いますが、我慢はトラブル解決の万能薬ではありません。「トラブルの解決方法」ではなく、「トラブルにならないための緊急一時避難」に過ぎないのです。ですから、嫌なことが起きる状況自体を改善せずに我慢という緊急一時避難を使い続けると「我慢の限界を超える」という状況になります。これが「我慢のさせ過ぎ」です。一時避難だけでは問題は解決しないのです。子どもに我慢という緊急避難をさせる時は、必ず原因について対応しましょう。

リスパダール®（リスペリドン）

　リスパダール®は、小児への適応もあり、一般的な薬であることから子どもの癇癪、暴力にはたいへんよく使われる薬です。副作用が少ないのですが、第二世代（1990年代）の抗精神病薬という古い薬であることもあり、特別強い特徴のあるものではありませんが、小分けされた液剤があるため頓服に使いやすいようです。

（2） パニックへの対応

　現実の世の中は思い通りにならないことばかりです。しかし、思い込みが強いASDや「いわゆる」グレーゾーンの子どもは「思い通りに行くはず」と思っていたことが現実にはうまくいかないと、ものすごくパニックになり、癇癪を起こすことがあります。この場合の癇癪は、「びっくりしてパニくった」ということです。パニッ

クなので、こんこんと説明や説得をしても解決はしません。むしろ、説教や叱責は余計にパニックをひどくします。対応としては、「思っていたのと違うことが起きてびっくりしたね」「思い通りじゃなくて悲しいね」というように、本人が感じているつらさに言葉を与えることが良いようです。パニックを起こしている子どもへの説教、説得は逆効果です。

　思い通りに事が進まない時に泣き叫ぶ、床をどんどんするなど親の嫌がることをすることで言うことを聞いてもらおうとする子がいます。これは、以前この作戦でうまくいったという経験をもつからです。これを『誤学習』といいます。「人前で泣き叫ぶ」も「マンションの階下の人に迷惑になる床どんどん」も親にとってやってほしくないことです。「親が言うことを聞いてくれないなら、親の嫌がることをいつまでも続けるぞ」と親を脅して思い通りにしようとしているのです。これがエスカレートすると親だけでなく他人にもするようになりますが、他人には通じないことが多いだけでなく、「嫌われる」「仲間外れにされる」という結果になることが少なくないため、決して適切な対応ではありません。

　こういった"人の嫌がることをすることで相手に言うことを聞かせる"というのは、誤った学習の一つです。適切な学習に置き換えるためには「癇癪を出したら親が言うことを聞く」というパターンを変えねばなりません。「一時的にはひどくなっても相手にしない」という対応が必要です。実際やるとなると親が根負けすることも少なくありません。具体的にはケースバイケースとなることが多いので、病院のスタッフと相談しながら行っていきましょう。

❺　睡眠の問題 〜眠りたいのに眠れない、寝ようとしない、よく目が覚める、昼間の眠気〜

（1）　睡眠問題の特徴と対応

　睡眠の問題には「眠りたいのに眠れない」という、寝ようとするけれどうまくいかない問題と、そもそも寝る気がない、寝るつもりがない、起きていたいという問題に大きく分かれます。病院や薬が役に立つのは前者の方です。後者の寝ようとしないということは、教育や環境、家庭の文化に影響されています。例えば、年の離れた兄姉がいてみんなが深夜12時まで起きていてゲームをしている環境などでは、なかなか一人だけ早く寝ることは難しいようです。そういった場合は、母親が一緒に夜8時に布団に入って添い寝をする、などの手間がかかります。その際、母親が携帯を見ていれば、子どもはそのまねをして眠りません。そういった時は、携帯などを見るのをやめて、子どもと会話しながらいったん一緒に眠りましょう。

次に、「眠りたいのに眠れない」についてお話しします。眠りたいのに眠れないのは、寝つきが悪い、夜中に何度も目が覚めるということがあります。寝付けない理由としては、昼間の興奮が残っている、遠足の前の日のように浮かれすぎて眠れない、心配して眠れない、父親の帰宅が遅い、睡眠環境が悪い、『睡眠時無呼吸症』『むずむず脚症候群』など睡眠関連障害で眠れないなどがあります。

　まず、昼間の興奮が残って眠れない場合は、自閉傾向の子どもたちによく見られます。この子どもたちはなかなか興奮が冷めないことで知られています。この興奮を抑えるためには、いつも決まった絵本を読むなどのルーティンを使った睡眠習慣や寝る前にシャワーだけではなく浴槽につかる、漢方薬や睡眠導入剤の使用などがあります。浮かれすぎて眠れないのは毎日のことではなく、先に述べたように興奮して眠れないに近いので、同じような工夫をしてみてください。

　子どもは子どもなりの悩みや心配を抱えていたりします。大人から見るとくだらないように思えることでも、子どもにとっては大問題だったりします。子どもの悩みや心配は一人で解決できないことが多く、頭の中をぐるぐるめぐって眠れないことなどはしばしば起こります。これを改善するには、親御さんが「何かあなた心配そうね。お母さんにもそれを教えてくれるかな」と言って、その悩みごとを受け取ることで、子どもの悩みや心配の大きさは小さくなります。人によっては、その話題に触れてしまうと余計に気にするのではないかと心配される方もいますが、悩みや心配は誰かと共有する方が小さくなります。サラリーマンの飲み屋の愚痴や女子会での彼氏への文句などを思い浮かべてもらえば分かりやすいかと思います。寝床で心配なことを共有してあれこれ話しているうちに「聞いてもらったら安心する」という効果で眠る子どもは多くいます。

（2）　睡眠の薬

　眠れない子どもの薬は、小児科ではアタラックスＰ®（ヒドロキシジンパモ酸塩）、精神科ではメラトベル®（メラトニン）、デエビゴ®（レンボレキサント）、ベルソムラ®（スボレキサント）、ロゼレム®（ラメルテオン）などがあります。

　以前は、マイスリー®（ゾルピデム酒石酸塩）、ルネスタ®（エスゾピクロン）、デパス®（エチゾラム）といった大人用のベンゾジアゼピン系の睡眠薬を処方することがありましたが、夢遊状態や健忘などの副作用があったことと、メラトベル®をはじめ安全な新しい薬が出たことで、今ではほとんど使われていません。

アタラックス P®（ヒドロキシジンパモ酸塩）

　アタラックス P® は小児科でたいへんよく使われる睡眠の薬で抗ヒスタミン薬です。もともとは抗アレルギー薬ですが、その副作用で眠気があることを利用したものです。

メラトベル®（メラトニン）

　メラトベル® は、脳の中で作られる睡眠物質メラトニンを外部から摂取できるようにした薬です。もともと体にある物質なので非常に副作用が少なく、安全な睡眠薬として注目されています。

デエビゴ®（レンボレキサント）、ベルソムラ®（スボレキサント）

　両方ともオレキシン受容体遮断薬で「興奮して眠れない」という状態に対してスイッチをオフにする薬です。元来動物は危険が迫ったと感じると興奮して危険に対処します。その時に睡魔に襲われないように興奮すると眠れなくなる機能が働きますが、そこのスイッチを無理やりオフにしてしまう薬です。ですから、遠足があるから眠れない、明日のピアノの発表会が心配で眠れないなどの状態に対して使う薬です。そういった性質上、興奮して目が冴えた時だけ使う単発の使い方（頓用）としても使える薬です。

　デエビゴ® は眠りに入るまでの時間が短く、効果の持続時間も 4 時間程度です。ベルソムラ® は効くまでに時間がかかりますが、効果時間は個人差はあるものの 6 〜 8 時間程度と長いのが特徴です。臨床場面では寝つきが悪い時はデエビゴ®、朝早く目が覚めすぎる時はベルソムラ® という使い分けをします。

ロゼレム®（ラメルテオン）

　ロゼレム® は、体内時計の狂いを修正する薬です。夏休みに夜更かし朝寝坊の習慣になった子が 2 学期になって寝ようとしても寝られない、朝起きられないというような体内リズムの狂いに対して処方されます。

　これらの薬の中で、子どもへの健康保険上の適応があるのはアタラックス P® とメラトベル® です。デエビゴ®、ベルソムラ®、ロゼレム® については添付文書上、小児への投与は承認外の用法となっていますので、使う時はお医者さんとよく相談してください。

第5章　治療ではどんなことをするのか

⑥ 吃音とチック症

『吃音』は8割が自然に消退するといわれます。特効薬はありません。吃音外来では「吃音そのものを治す」よりも、「どうやってからかわれないようにするか」など、心理教育や家族ガイダンスに重きを置きます。

『チック』とは、まばたきや鼻鳴らし、咳払い、しかめつらなどを繰り返す症状です。強迫症状との違いは、やろうと思って出る症状ではなく、本人が意識しないで出てしまう行動です。気をつけていると一瞬だけは我慢できますが、気が散るとまた出てきます。一瞬だけは我慢できるので、何度も叱ることでやめさせようとするお母さんもいますが、我慢で症状が消えるようなものではありません。叱るとさらにひどくなることもあります。

チックのほとんどは一過性のもので不安や緊張で出現しますが、大半は1年以内に自然に治ります。カタプレス®（クロニジン）、リスパダール®（リスペリドン）、セレネース®（ハロペリドール）が使われることもありますが、薬はあまり効きません。1年以上続くチックの中には、とても激しい音声＆運動チックの『トゥレット症』があります。そのような場合は病院に相談しましょう。

⑦ ゲーム障害

いわゆる「ゲーム中毒」には、現実世界でうまくやれないためにゲームの世界に逃避しているものと、ゲームの刺激そのものに依存性が出てしまいやめられなくなっているものがあります。「アルコール中毒」に置き換えて考えると、悲しみやクヨクヨから逃げるためにいつもお酒を飲んで酔っ払っている「アルコールの乱用」とアルコールという化学物質を脳が欲して飲むことを止められない「アルコール依存」の違いと言えます。前者の方（ゲームの世界に逃避）は「苦しい現実から逃げる」が目的なので、やることはゲームでなくてもかまわないため、現実の苦しさや不適応の解決でゲームから離れることが可能です。ですから、対応として苦しい現実へ立ち向かうためのサポート、環境調整や課題の縮小（具体的には宿題を減らす、支援級に籍を移す、出席日数を減らすなどのやるべきことの軽減やいじめ環境の改善など）です。

一方、脳がゲームという刺激に対して依存的になっている場合は、覚せい剤依存やアルコール依存と同じ「依存という病気」になるので、依存症専門病院での治療が必要となります。

このように2つの違いで対応法が全く異なりますので、まずは子どものゲーム中毒がどちらのパターンかという見極めが重要になります。どちらにしても、子ども、特に発達特性をもつ子どもは、ゲームやインターネットの魅力に対して自分でコント

ロールする力は十分ではありません。携帯やタブレット、ゲーム機器を買い与える時は、リスクをきちんと勉強し、使用上の約束を親子でしっかりとしてからにしましょう。【教育編】には、その教育的対応を述べていますので参照してください。

⑧　てんかん

　昔は精神科で診ていましたが、現在は神経内科、または小児神経内科で診ることが多いです。

　『てんかん』で使う薬は、テグレトール®（カルバマゼピン）、デパケン®（バルプロ酸ナトリウム）、フィコンパ®（ペランパネル水和物）などがあります。てんかんで使う薬の多くは、精神科では興奮や癇癪を抑えるために使うことがあります。主な副作用は眠気です。子どもが飲んでいるてんかんの薬は、てんかんのために処方されているのか、興奮や癇癪のために処方されているのか、周りの大人は知っておく必要があります。学校や家庭でてんかんの発作が出ていないか、興奮や癇癪に十分効いているかなどの観察が病院で薬の量を決める際にとても重要になります。抗てんかん薬が処方されている時は、受診による薬の量の変化も学校に伝えて、両者できちんと薬と症状の関係を観察することが重要です。てんかんの薬に限りませんが、病院から薬を出してもらう時は、お医者さんに「この薬は何を目的に出している薬か」をきちんと聞いて、学校の先生に量の変化も含め、伝えるようにしましょう。

第5章　治療ではどんなことをするのか

第**6**章

なかなか解決しない問題、なぜうまくいかないのか

　この章では、病院を受診して治療しているけれど、なかなかうまくいかない場合や問題における、「思い込んでしまって治療が行き詰りやすい点」について紹介します。

① 起立性調節障害という診断が付いても、不登校の原因とは限らない

　自律神経失調は、起立性調節障害が原因とは限りません。なんらかの理由で学校に行きにくい状態である「不適応」や頑張りすぎによる「疲弊」が原因による自律神経失調症状での不登校なのか、起立性調節性障害による自律神経失調障害での不登校なのか、それとも両方によるものかを吟味する必要があります。

　『起立性調節性障害』では立ちくらみ、朝起床困難、気分不良、失神や失神様症状、頭痛などの症状があるといいますが、「不適応、不登校の自律神経失調」でも全く同じ自律神経失調症状が出るため混同されやすいのです。

　また、日本心身症学会による起立性調節障害の診断ガイドラインは、以下のようになっています。

1）立ちくらみ、失神、気分不良、朝起床困難、頭痛、腹痛、動悸、午前中に調子が悪く午後に回復する、食欲不振、車酔い、顔色が悪いなどのうち、3つ以上、あるいは2つ以上でも症状が強ければ起立性調節障害を疑います。

2）鉄欠乏性貧血、心疾患、てんかんなどの神経疾患、副腎、甲状腺など内分泌疾患など、基礎疾患を除外します。

3）新起立試験を実施し、以下のサブタイプを判定します。
　　（1）起立直後性低血圧　　　　（2）体位性頻脈症候群
　　（3）血管迷走神経性失神　　　（4）遷延性起立性低血圧

（出典：https://www.jisinsin.jp/detail-01/）

　起立性調節障害が疑われる場合、まずは他の病気が原因になっていないかを調べる必要があります。貧血や心臓の病気などでも立ちくらみなど似たような症状を起こす

ことがあるからです。症状は立位や座位で増強し、臥位にて軽減するといいます。他の病気でないことが分かった場合、起立性調節障害と確定するために血圧の検査「新規立試験」が行われます。

　精神的な負担による自律神経失調症状も、起立性調節性障害による自律神経失調症状も同じ年頃に起こりやすく、併存が多くみられます。併存していたとしても、対人関係の不和や学習の困難が不登校や起床困難の原因なら、血圧が改善しても学校には行くことはできません。不登校には必ず対人関係や勉強の難しさなど、行きたくない原因があります。朝起きられない、登校しぶり、不登校などの状態を起立性調節性障害と決めつけず、"血圧の問題には起立性調節障害の治療"、"不登校には不登校の治療"を行っていきましょう。

② 　愛着障害という診断が付いたら

　愛着障害とは、"愛情不足"という意味ではありません。世界中で一般的に使われている診断基準DSM-5（アメリカ精神医学会）によると、『愛着障害』とは、概ね"虐待の後遺症"という意味です。どこまでやったら虐待かということについては、専門書に譲りますが、「厳しくしつけた」程度ではなかなか"虐待レベル"にはなりません。少なくとも親が1、2回ぶったことがある程度では虐待にはなりません。

　多くの人が誤解していますが、共働きは子育て問題の原因ではありません。江戸時代では、ほとんどすべての家庭が共働きでした。専業主婦などここ100年の流行にすぎません。兄弟姉妹が生まれると親からの愛情は分散されますが、それによって病気になることはありません。

　かつて発達障害の概念が一般的になる前に、愛情不足を逸脱行動の理由にするのが流行ったことはありますが、今では発達障害や不適応による症状と考えるのが一般的です。虐待していないのにそういった診断が付いたら病院を変えましょう。

③ 　登校前にお腹が痛くなる

　登校前の腹痛は小学校中学年以降によく見られる症状です。対人関係、学習の難しさなど学校への不適応などによる自律神経失調症状と考えられます。この状態は『過敏性腸症』と呼ばれて、ビオフェルミンなどの整腸剤がよく処方されます。整腸剤の効果がある例もあれば、ない例もあります。その理由の一つに、痛みの原因が腸の動きにあるものと、そうでないものがあるのです。朝の腹痛が「渋り腹」（お腹がゆるく便が出そうな状態）や下痢が伴うタイプとそうでないタイプでは痛みの部位や治療の仕方が違うのです。渋り腹や下痢がないタイプでは、トイレに行っても薬を飲んで

も痛みが解消しないということはよく見られます。こういった例の中には「腹直筋の攣縮（れんしゅく）」が起こっているケースがあります。漢方治療では不安や緊張が強いと腹筋に強く力が入って硬くなることがあることが知られています。「腹筋のこむら返り」とも言えるこの状態は、"筋肉の痛み"なので腸の薬を飲んでも当然解消しません。そのような時は、こむら返りによく使う漢方の「芍薬甘草湯（しゃくやくかんぞうとう）」が著効することが少なくありません。

　このように、「お腹が痛い」という訴えは腸の問題とは限らないのです。思い込んでしまってうまくいかないことの典型例の一つだと思います。

❹　登校しぶりと不登校

　今まで述べてきたように「学校に行きたくない」または「学校に行きたいのに行けない」には必ず理由があります。血圧の問題のように身体的な理由のこともありますが、ほとんどの場合は精神的な負担感がその原因です。その負担感が自分で意識されている時は「学校に行きたくない」と表現されますし、その負担感が意識されていない時や親に遠慮している時は「学校に行きたいのに行けない」や朝の頭痛、腹痛という身体症状で表現されます。

　学校に対する負担感とは授業が退屈、教室がうるさすぎる、担任が嫌い、意地悪してくるクラスメイトがいる、勉強がよく分からない、縄跳びなど苦手な授業がある、給食が食べられないのに強要される、仲間外れにされるなどがあります。一見様々な理由のように見えますが、要は「なんか学校に行くのが負担」ということです。ですから、無理やり登校させても何の状況の解決にはなりません。その子が感じている負担の原因が軽減しないと負担感は軽くならないのです。ですから、ぜひその負担の中心を見つけて一緒に「どうやったらその負担が軽くなるか」を考えていきましょう。

　「学校に来れば楽しくやれるのに登校したがらない」「学校に連れて来れば何とかなる」ではなく「学校に連れて来られたのにわざわざ帰りますと言う方がはるかに負担が大きいので、なんとか何も言わずにやり過ごしている。時にははしゃいだ方が苦痛が一瞬軽くなることもある」といった状態です。決して連れて来れば負担が消えるということではありません。そうやって連れて来られて1日を楽しそうに過ごしたように見えても、その後しばらく登校しない日が続くのがその証拠です。トータルでつらい、苦しい、嫌だとしても部分的な瞬間では笑顔が出ることぐらいあります。このように「登校にまつわる負担感を軽減する」なしでは継続的な登校は望めません。

　病院や薬で行うことは、本人のコンディションの調整です。環境側の調整の主役は担任、養護教諭、校長先生など学校スタッフとなります。協力して登校できる状況にしていきましょう。

第**7**章

誤解が多い子ども診療 Q&A

　この章では、これまで多くの子どもを診療してきた中で、保護者や学校の先生方、あるいは世間の皆様が誤解されていること、混乱されて使われている用語、疑問に思っていること、対処方法などについて頻繁に尋ねられる質問にお答えします。

Q1 専門医を受診したいのですが、近くに児童精神科がありません。

A　想像してみてください。あなたのお子さんが代謝系のひどい内科疾患にかかっていそうだということで、近所の病院を回っても納得できる治療がない場合、どうしますか？　診断にも治療にも納得がいかないまま、自宅の近くにあるからという理由で近所の病院で治療を勧めますか？

　現在の医療状況では、発達障害はまだまだ診断・治療ともにたいへん難しい難病であるという一面をもっています。地域によっては、発達障害の診断や治療ができるお医者さんがいない地域も少なくありません。近所に安心して任せられる信頼できるお医者さんがいる場合は、それが一番良いことですが、診断を受けたもののどうしても納得がいかない、治療しているがちっとも良くならないなど「このままで大丈夫だろうか」と心配になった時は、遠方であってもぜひセカンドオピニオンとして発達障害を専門にしている病院を受診してみてください。

　近くに専門性の高い児童精神科がなくても、遠方の児童精神科と連携して治療を進めてくださる小児科のお医者さんは少なくありません。診断や治療方針は専門医で、日常のコンディション調整は地元の病院でということも児童精神科と小児科の組み合わせなら可能です。ぜひお医者さんにご相談ください。

A

①発達障害と神経発達症

　細かいところは違いますが、ASD、ADHD、読み書き障害を含み、生まれついての脳神経発達の偏りという点では、ほぼ同じです。2013年に改訂されたアメリカの診断基準『DSM 第5版（DSM-5）』に記載されたため使われるようになったのが「神経発達症」という言葉です。あれから10年経ちましたが、いまだに神経発達症という用語は浸透しておらず、発達障害という昔からの言葉で説明することが一般的です。

②自閉スペクトラム症と自閉スペクトラム

　『自閉スペクトラム症』は、前述した2013年の『DSM-5』に新しく掲載された「自閉症」の新しい呼び方です。以前は、発達障害の中で自閉の特徴をもつ PDD 広汎性発達障害の中に最も重い自閉特性である自閉症を意味する「自閉性症」、言葉の遅れのない「アスペルガー障害」、一番自閉特性の少ない「PDD-NOS（特定不能の広汎性発達障害）」などという分類でしたが、DSM-5 では自閉の特性の濃い「自閉スペクトラム症」と、部分的にもつ「コミュニケーション症群」に変わりました。

　その違いは、診断できる範囲がものすごく狭くなったことです。そのせいで以前なら自閉特性について診断が付いていたレベルでも診断名が付かないという状況となり、"自閉特性に困っているが診断名が付かない診断難民"という人たちが増えています。よく「発達障害だ！」と思って病院に行ったけれど、「発達障害ではありません」と言われたという人の多くが、こういう人たちです。以前の診断基準では診断名をもらえたけれど、『DSM-5』の狭くなった基準では、"診断名が付かない"人たちが現われています。

　一方、『自閉スペクトラム症』という言葉と非常によく似ている『自閉スペクトラム』という言葉は、DSM-5 よりはるかに古くから存在します。20世紀後半からイギリスの自閉症研究者ローナ・ウィング精神科医（あのアスペルガー症候群を世に広めた人です）が提唱していた「自閉特性をもっている人たち」のことを指します。つまり、これは診断というより自閉症やアスペルガー障害、PDD-NOS のすべてを含むだけでなく、もっと軽い自閉特性がある人までを含んだ「自閉特性をもった種族」に近い概念です。日本語では表記法がよく似ているので混同しないようにしたいものです。

③広汎性発達障害と高機能自閉症

　①で説明したように広汎性発達障害は、自閉症、アスペルガー障害、PDD-NOS といった明らかに自閉特性をもっている人たち全体を示す診断名です。高機能自閉症

は、診断名というより概念で、DSM が一般的になる前から存在します。「古典的な自閉症は知的障害を伴う」というのが一般的な理解でしたが、自閉症の研究が進むにつれ、自閉特性は濃くても知能障害がない人が存在することが分かってきました。古典的な高機能自閉症はその人たちを指します。しかし、さらに時代が進むにつれ、高機能自閉症は自閉特性の濃い人だけでなく、自閉特性をもっているが知能障害をもたない人たちを表す概念になっていき、アスペルガー障害や PDD-NOS の人と大部分が重なる概念となりました。

④ DSM-5 と ICD-10

既出の『DSM-5』は米国の統計用診断基準で、『ICD-10』は WHO が使用する病気の臨床記述と診断ガイドラインを指しています。どちらも日本では診断名を確定したり、記載したりするために使われます。

主に病院で使われるのが DSM-5 で、主に行政用の書類に使用されるのが ICD-10 です。DSM は、現在改訂版の DSM-5-TR が発行され、ICD は 2022 年に ICD-11 が発行されました。

Q3　うちの子は HSC ではないですか？

A 　HSP・HSC (Highly Sensitive Person/Child) という「人一倍敏感な子ども」への呼び方は、一部の医師や支援者が提唱して一時期ブームになりました。もともとは「感覚処理感受性」という刺激に対する敏感さが高い人がどういう行動をとるかなどという心理研究を提唱したエレイン・N・アーロン博士らが一般向けに表した本の中で、そういった過敏な人たちを「HSP」「HSC」と呼んだことから発しています。

そこから分かるように、刺激に敏感に反応する人が心理研究上いるというだけで、医学的な診断とは無関係です。そもそもこの研究はそういう人たちとそうでない人たちを分けるものですらありません。最近ではそのような病気が存在するかのように書いてあるサイトやこういったのは病気なので治療ができますと主張するクリニック、そういう傾向がある人にカウンセラーになりませんかと誘うような危険なサイトがたくさん出始めています。HSP・HSC は治療ができるような病気ではないですし、HSP・HSC をもっているからカウンセラーに向いているということでもありません。このような危険なビジネスの餌にならないように皆さん気をつけてください。

刺激に対する敏感さは、医学的には "ASD"、あるいは "診断に満たない程度の ASD（いわゆるグレーゾーン）" と呼ばれる人の症状です。

第7章　誤解が多い子ども診療Q&A

なぜHSP・HSCという言葉が流行ったかという背景には、"自分や自分の子どもたちにASDという診断名を付けたくない人たちに支持された"、"HSP・HSCという言葉で不安をあおりお金儲けのネタとして使われた"、"診断名でないので学校の先生が使いやすかった"などの理由が考えられます。また、発達障害、特にグレーゾーンについて医学全体の理解が少ない中、自分の生きにくさに名前を付けてくれることに安心感があったのでしょう。しかし、HSP・HSCと分かったからといって具体的な対応法や治療があるわけではありません。その生きづらさはきちんとした医学的判断のもと科学的な対応でないと軽減しません。

HSP・HSCという概念に振り回される問題点として、"医学的知識のない人が騙されて、効果のない「HSP治療」や「HSPカウンセリング」にたくさんのお金を使ってしまうこと"、"専門性のない「HSPカウンセラー」という資格ビジネスでだまされるだけでなく相談者の命を含めた被害が拡大すること"、"HSP・HSCを診断名と誤解してASDへの療育などをせず放置して社会的に孤立すること"などがあります。自分に敏感さがあると思うことは構いませんが、人に強要したり、科学的な対応を失うことは危険であるとご理解ください。

HSP・HSCがここまでクローズアップされたのは、最近の社会構造の変化にあると考えています。以前であれば診断閾に達しないASD（グレーゾーン）の人は何とか社会でやれていました。しかし、不景気で社会の許容度が落ちたせいで、小さなことまで目くじらを立てられるような許容度の低い社会環境になってしまったため、グレーゾーン程度のASD特性の人にとっては生きづらい社会になった、それについて日々苦しく思っていることが増えたと考えています。

現代は多様性社会といわれ、LGBT（Lesbian・Gay・Bisexual・Transgender）などジェンダー多様性については語られるようになっても、いまだに気配りや空気を読むなど対人関係の多様性は許容されていない社会構造への反発かもしれません。

Q4 「小児うつ」と診断されました。どう考えたらよいのでしょう？

A 「小児うつ」という診断は、精神科ではまず使いません。小児科や心療内科で「小児うつ」と言われた時は、「なんだかよく分からないけど憂うつな状態である」という意味と考えてよいでしょう。自分の科ではよく分からないので言外に「精神科に行ってくれませんか」ということであるかもしれません。少々遠方でも子どものうつを扱えるといわれる療育センターや児童精神科を受診するのが良いでしょう。

Q5 「愛着障害」と言われました。母親は仕事を辞めた方がいいですか?

A 　お母さんは仕事を絶対に辞めないでください。退行して、お子さんの症状がさらに悪くなります。

　今の診断基準では、虐待をしていないのに「愛着障害」になることはありません。また、常識的な子育てをしていれば「虐待」や「愛情不足」にはなりません。正しく子どもを理解するために、他の病院を受診してください。

　愛着障害は「虐待の後遺症」という精神障害です。長い間わが子に虐待を続けてきたわけではないのであればその心配はありません。一度や二度手を上げたぐらいで愛着障害にはなりませんのでご心配なく。

Q6 「ドクターショッピング」はいけないと聞きましたが、病院を変えてはいけませんか?

A 　以前は、「ドクターショッピングはいけない」といわれていましたが、私はドクターショッピング奨励派です。現代はSDM（治療法を選べる医療）の時代といわれます。納得のいかない治療や説明のない治療は、時代とともに選択されなくなるのではないでしょうか。しかし、まだまだ年配の医師や大学病院では嫌うようです。病院受診は相性が重要です。がんの治療では、納得のいく治療や先生に巡り合うまでいろいろ受診しますよね。発達障害でも同じかなと思っています。

　担当医がコロコロ変わるのは、安定している患者さんか、誰がやってもうまくいかない患者さんかのどちらかです。安定している患者さんであれば、症状管理中心になるので、ベテランの先生がじっくりみることはなくなります。特に大学病院では若手の先生が1年交代で担当するということが通常運転になるかと思います。大きい病院ではそのようなシステムですので、担当医を変えたくなければ、大学病院や大病院でなく医師が一人のクリニックを紹介してもらうことをお勧めします。

　誰に診てもらってもその病院でうまくいかなければ、他の病院か専門クリニックを紹介してもらいましょう。

Q7 保護者が「診断名を付けられると、生命保険に入れない」と言って、病院受診や検査(診断)を拒否する場合があります。担任はどのように受け止めるとよいですか?

A 保険会社では、各々の保険会社や契約する内容によっても異なりますから、確認することが必要です。障害の程度に応じて生命保険に入れない場合あります。一方、不安の強い保護者の中には、病院に行きたくないためこういったことを理由として受診を拒否している可能性もあります。

しかし、診断名が付くほどの障害をもちながら医療のサポートを受けずに生きていくことは、相当な試練だと推察します。生活する中で支障があるならば、医療のサポートを受けることをお勧めします。

Q8 一般的に薬の量は、身体が大きくなったり、長期使用で効き目が薄くなる (耐性) と増えると聞いたのですが、年齢や体重と関係がありますか?

A どんな薬でも体重が 15kg の子どもと 45kg の思春期の子どもでは使う量は違います。ほとんどの薬は体重が少なければ少ない量、体重が多ければそれに合わせて多い量を使うことが一般的です。しかし、向精神病薬といわれる脳に作用する薬に関しては、その限りではないことがしばしばみられます。子どもが使う量と大人で使う量が同じようなものものありますし、むしろ大人に使う量が子どもに使う量より少ない薬もあります。成長に応じてどう薬量を変化させるかは、担当のお医者さんとよく話し合ってください。

長期使用で効き目が薄くなる (耐性ができる) 薬は、ベンゾジアゼピン系といわれる抗不安薬や睡眠薬がその代表です。日本では長年にわたってダラダラと処方するのが一般的でしたが、欧米では耐性ができること、常用量でも依存が起こること、判断力の低下が起こることなどから、2 〜 4 週のみの限定使用などと期間をかなり区切っての使用しか認めない国がほとんどです。最近のわが国でもそういった傾向が生まれています。私は、恐ろしいのでこの 20 年ほどほとんど使用したことがありません。安易なベンゾジアゼピン系薬剤の処方が減ることを望んでいます。

Q9　エビリファイ®とレキサルティ®は、どのような症状や効果の違いがありますか？

A　エビリファイ®とレキサルティ®は同じ会社が開発した兄弟の薬で、第3世代の抗精神病薬でドパミン・システム・スタビライザーと呼ばれています。

　この種類の薬は、体重が増える、思考が鈍くなるなどの副作用が少ないのが特徴です。どちらも統合失調症のための薬として開発されました。エビリファイ®の適応は、それ以外にもうつ病、双極性障害の躁症状、小児自閉症スペクトラムの易刺激性（感覚過敏）があります。これらのたくさんの適応があることから分かるようにエビリファイ®は外からの刺激を減らし、中から興奮が出ないようにする薬です。

　一方、レキサルティ®はソワソワやイライラ、感情コントロールのために使うことから分かるように、（外界の刺激とは関係なく）内側からわき上がる不安や興奮（内的不穏）に効果のある薬です。現在のところ、適応病名は「統合失調症」だけですが、エビリファイ®と同様、今後様々な疾患が適応病名になっていくことが予想されます。

Q10　幼児や薬の副作用が強く服薬できない子どもに「抑肝散」が処方されることがありますが、効き目が薄いような気がします。中枢神経刺激剤（コンサータ®など）と、処方のされ方や効果などでどのように違いますか？

A　そもそも抑肝散は疳の虫用の漢方薬です。元来、疳の強い乳幼児に母子同服で母親と共に服用させる薬です。疳の強い乳幼児に飲ませる薬が、すでに学校で問題になる程度のトラブルになっているお子さんに対して効かないことは想像できるかと思います。学校や幼稚園でトラブルが起きている子に、乳幼児向けの薬を処方してもあまり効きません。「抑肝散を処方されたけれど効かない」場合のほとんどは、漢方を勉強していないお医者さんの処方だと思います。漢方で薬物治療をしたい時は、漢方を専門で勉強したお医者さんにかかってください。

Q11 多動・衝動性が激しいので、子どもに薬を飲ませたいのですが、何歳（何年生）から、どんな薬を飲むことができますか？

A 多動・衝動性に関する薬剤で小児に対する投与について添付文書に記載があるものは、リスパダール®（リスペリドン）が5歳以上、エビリファイ®（アリピプラゾール）が6歳以上となっているだけです。インチュニブ®（グアンファシン）ですら、6歳未満を対象にした臨床試験が実施されていないと記載されています。他の薬のほとんどは、「小児等を対象とした臨床試験は実施していない」など、残念ながら日本ではほとんどの薬剤が「自己責任で使ってください」というスタンスです。何歳からどの薬を使い始めるかは、主治医とご相談ください。

Q12 不登校の子どもが「起立性調節障害」と言われ、長く薬を飲んでいるのにちっとも学校に行けません。

A 第6章で述べたように、不登校には、起立性調節障害に代表される身体的な問題と、学校不適応や疲弊に代表される精神的な問題の両方が存在することが少なくありません。起立性調節障害の治療をしても不登校が解決しなければ「不登校の原因が起立性調節障害だけでなかった」ということになります。精神的な要因について対応を始めましょう。

Q13 薬を5〜6種類くらい飲んでいるのですが、大丈夫でしょうか？

A 大丈夫です。精神科では「7剤しばり」というものがあって、基本的に6剤までしか処方しませんので、6種類までなら一般的な処方です。7種類以上出ているなら、よっぽど難しい状態か、薬の処方が苦手な医師かのどちらかです。

Q14　薬がどんどん増えるのが心配です。

A そうですね。それは私も心配です。現在必要な薬は服用しますが、以前処方されていて効かなかった薬は止めるのが一般的です。しかし、薬の処方にあまり自信のないお医者さんは、以前の薬を止めてよいものかどうか不安なこともあります。そういった時は、薬が次々と増えていきます。良くなっていないのに薬がどんどん増える時は、「新しい薬を始めるなら、前の薬と入れ替えてください」と言ってみましょう。話が通じないお医者さんなら、別の病院を受診することをお勧めします。

Q15　薬への依存が心配です。服薬はやめられますか？

A 「依存が怖いんですけど……」と、服薬についての不安をお聞きすることは多いです。しかし、現在一般的に使われている薬の中ではベンゾジアゼピン系といわれるほとんどの抗不安薬や多くの睡眠薬以外で強い依存を生じるものはまずありません（逆にこれらの抗不安量や睡眠薬では医療用として処方される量でも依存が生じることが報告され、「常用量依存」として問題になっています）。

子どもに使う薬の多くは、「つらさをごまかす」「言うことをきかせる」ために使うのではなく、「今起きている苦しみを減らして、やるべきこと、やりたいことをやれるようにする」という目的に使います。副作用はゼロではないですが、薬を使うことでより適切な行動が増える（正の学習効果）のです。

ネット情報は「誰が書いたか」によります。資格を持たない一般の人が書いたものを信じて行動しても、書いた人も責任は取ってくれません。児童精神科や小児科医が書いた正式な論文なら信用がおけます。今のところ学術的な論文で、コンサータ®やビバンセ®などに高い依存性があるという報告は一切ありません。

Q16 薬に頼ってしまうのが心配です。

A 　薬を服用したからといって、薬が嫌なことを肩代わりしてくれるわけではありません。やるのは本人です。「花粉症の薬を飲むと鼻水が出なくなって仕事がはかどる」というのと一緒ですね。

Q17 土日や長期の休みなどは、休薬をするべきだと聞きましたが？

A 　最近はあまり言わなくなりましたが、何年か前まではよく言われていました。その理由は、コンサータ®やビバンセ®など中枢神経刺激薬の副作用で食欲の減退があるため体重増加が少なく心配というものでした。現在では、体重減少は一時的なものであるといわれるようになっており、以前のように土日の休薬はそれほど言われなくなりました。しかし、子どもはコンディションが変化しやすいので、体重減少などが心配な時は一時的に休薬をはさむと良いでしょう。

第 2 部

教育編

第**8**章

受診後の確認と服薬している子どもへの教育的対応

① 診断の確認

　子どもが病院を受診した後、何度か検査等のために通院しますが、担任は保護者に連絡をして最終的な診察の結果を聞くようにするとよいでしょう。

　その際に、担任が質問する内容は、次の４点です。

> ①診断名が付いたかどうか？
> ②薬が処方されたかどうか？
> ③今後も通院の必要があるかどうか？
> ④医師から担任への連絡（配慮、指導方法など）があるかどうか？

　診断では、「○○の診断です」「特に診断はありません」と明確に"ある""なし"を区別して言われる場合と、「○○の傾向です」「○○の疑いがあります」と言われる場合があります。一般的に「○○の傾向」「○○の疑い」は、「グレーゾーン」となります。

　保護者から担任に「○○傾向と言われましたが、診断名は付きませんでした」と報告があっても、担任は「発達障害の特性があらわれているのに、なぜだろう？」と疑問に思うこともあるでしょう。現実的には、子どもの不適応状況や問題行動は継続するので、担任は「これからどうすればいいの？」と困ってしまいます。

　また、担任は「教室での学習環境が悪いから子どもがこのような状況になっているので、それを調整すると良くなるはずです」と医師から助言されることもあるでしょう。「学校では、特別支援教育専門家チームの巡回相談を実施して指導・助言を受けながら対応しているのに…」と思うこともあるかもしれません。

　では、診断が付かなかった場合、担任はどのように対応すればよいのでしょうか？

（1）　診断が付かない場合の対応

　診断が付かない（診断基準をすべて満たさない）場合でも、発達障害の傾向からトラブルを起こしてしまうことはよく見られます。診断基準を満たすかどうか（診断名が付くかどうか）と発達傾向でトラブルが起きたかどうかは、あまり関係ありません。

　ここで重要なことは、担任は保護者に再質問して、医師とどのようなやり取りがあったかをしっかりと確認することです。なぜなら、医師から「○○の疑い（傾向）がありますよ」「何か心配なことがありましたら、また来てください」と言われた場合、かならずしも"何でもない"とは言い切れないからです。例えば、以下のように保護者に確認するとよいでしょう。

担任：お母さん、コウヤ君の診察結果は、どうでしたか？
母親：病院の先生からは、何も言われませんでした！（診断が付かないと言われました！）
担任：そうですか。
　　　ところでお母さん、病院の先生から【疑いがある】とか、【傾向がある】とか、何か言われましたか？
母親：特に言われませんでした！
担任：ああ、そうですか。
　　　ところで、病院の受診は、これで終わりですか？
母親：終わりです！
担任：そうですか。
　　　それでは今後も引き続き、コウヤ君の状況を丁寧にお知らせいたしますので、ご家庭と学校で連携を深めていきましょうね。ありがとうございました。

　診断が付かなかった場合、担任は、「なぜ医師は診断を下さなかったんだろう？」と考えることが必要です。例えば、その要因は、①母親の説明では、不適応や問題行動のたいへんさを医師に十分伝えられなかった可能性があるのではないか　②保護者は医師が初診で診断を下さなかったために、"診断が付かない"と思い込んでいるのではないか　③症状や傾向はあるがすべての診断基準を満たさなかった、などが考えられます。このうちのどれに当てはまるのかが分かるとよいでしょう。

　また、医師から担任へ「教室では環境調整をお願いします」と要求されることもあります。保護者とよく話し合って、よりよい環境をつくっていきましょう。診断が付く、付かないにかかわらず、子どもへの対応は同じであると考えてください。

（2） 「傾向」「疑い」と言われた場合の対応

　医師から「○○の傾向です」「○○の疑いがあります」と言われた場合に、保護者は、
“診断が付かなかった”と安堵しているかもしれません。そこで、担任は「傾向」「疑い」
についての意味を伝えます。例えば、以下のように保護者に説明するとよいでしょう。

担任：お母さん、コウヤ君の診察結果は、どうでしたか？

母親：病院の先生からは、○○の傾向（疑い）があると言われました。

担任：そうですか。傾向（疑い）があると言われたのですね。

母親：はい。

担任：お母さん、傾向や疑いは、はっきりと診断が付かないけれども、それに近い状
　　　態の「グレーゾーン」ということですから、今後、診断が付くかもしれないと
　　　いうことなのですよ。

母親：え!? そうなんですか？

担任：お医者さんは、診断基準を満たさない場合に「大丈夫です。何でもありません
　　　ね」とか、「診断名を付けるまでではないですね」と言うだろうと思います。
　　　ですから、傾向や疑いは、グレーゾーンと解釈していただいて、今後、学校や
　　　家庭で経過観察しながら、何か心配な場合には、いつでも相談してください。
　　　困りごとが出てきたり心配な場合には、再度、病院を受診してみてください。

母親：分かりました。ありがとうござました。

---

❷　薬の処方の確認

　医師から障害等が診断され、更に薬を処方される場合、その薬について説明があり
ます。説明場面で医師は、本人・保護者に対して、薬の特徴（薬量、副作用、効果など）
について、メリットやデメリットを口頭や資料等で説明したり確認したりするはずで
す。また、学校や家庭での環境調整や本人の行動調整も丁寧に説明することもあるで
しょう。そして、それぞれが納得して初めて薬を使用することになります。その一方、
次の患者が待っていて、時間がないために薬の説明が十分にされないという声も聞こ
えてきます。本来であれば、このようなことはあり得ないはずなのですが、現実には
少なくありません。薬の効果や、服薬して良くなるかなどについて、本人・保護者が
十分理解できていない状況で、「飲むか飲まないかはあなたが決めなさい」「土日は飲
まなくてもいいよ」と言われて、子どもが困ることもあります。薬の説明が不十分
ですと、本人・保護者は、どんな薬なのか不安ですし、副作用も気になるところです。

担任が服薬について保護者に確認する内容は、次の３点です。

> ①主治医から薬について、説明を受けたか？
> ②具体的に「薬名」「薬量」「服薬時間帯」「副作用」「効果」などの説明は受けたか？
> ③主治医からいろいろな説明を受けて、納得して服薬することになったか？

❸ 服薬開始後の担任の役割

（1）　日々の記録と医師への報告

　子どもが薬物治療を開始した場合、担任は服薬開始当日から本人の様子について記録しておきます。薬の処方だけになると、１月に１回の診察になりますが、通院し始めや症状のあるうちは１〜２週間隔の通院になることが一般的です。学校での様子は担任がよく分かるので、様子の変化を保護者を通じて医師に報告するようにします。医師はそれを参考にしながら薬量を決めていくはずです。それゆえに、担任の毎日の記録（行動観察）が重要となります。

（2）　学校でのトラブルが継続したり、新たなトラブルが発生した場合

　このようなときは、現在服用している薬が今の環境に合っていないことが疑われます。学校の状況を担当医師に伝えることで、問題が解決することも少なくありません。必要があれば、本人の診察に同行することも考えましょう。

（3）　服薬はいつまでするのか

　子どもの治療の一番の特徴は「成長過程である」ということです。成長には、身体的な成長と社会的な役割の成長の２つがあります。それぞれの時期にそれぞれを乗り越えなければなりません。服薬は、それを乗り越えることを助ける役目をもっています。

　決して「いい子になる魔法の薬」ではありません。いったん状態が安定したように見えても、学年が上がるなど環境の変化やその学年で要求される内容次第で、状態が悪化することもあります。そのときの状態を医師に伝え、状態に合わせて薬量を調整していくことが肝要です。

（4）　安定期の見極め

　服薬当初は、不適応の症状に合わせて薬量が増えたりします。しかし、薬の調整がうまくいくと、その量でしばらく様子を見ることになります。しっかりと医療と連携

を継続していくことが大切です。

　1〜2年くらい安定した状況が継続する場合には、その状況について保護者を通じて医師に報告します。医師がその報告を受けて薬量を減らしたり終了したりするかもしれません。

　教育現場では、幼児期や小学校低学年の早期から服薬し始めた子どもが、中学年以降に安定期となって徐々に薬量を減らしていき、中学校から服薬終了となるケースを多く目にします。

Column 1
管理職としての薬の知識と対応

■指導か、薬か

　文部科学省の調査（2022）で、通常の学級の小中学生の 8.8% が発達障害の可能性があるという結果が出ました。発達障害に限らず支援の必要な子どもとなると、10%を超えると思われます。もちろん、その中には医療的なサポートを受けている場合も少なくありません。その代表が「服薬」ではないでしょうか。

　学校では「服薬」している子どもと出会うことが、以前より当たり前になってきたという印象があります。てんかんや内臓疾患はもちろんのこと、発達障害の子どもにも服薬による治療は珍しいことではないという理解が深まったからだと思います。中には、パニックや不安定な子どもの状態を見て、「薬を飲んだ方が良いのでは……」という声まで聞こえるようになりました。

　しかし、私たちが理解しておきたいことは、パニックや不安定な状態が、劇的に改善するといった「魔法の薬」は存在しないということです。学校としてまず考えるべきことは、「どんな指導・支援をしたの？」「どんな教育環境を整えたの？」であり、指導者として最大限、手を尽くしたかどうかを確認することではないかと思います。

　一方、どんなに環境調整や指導法を工夫しても改善が見られない場合もあります。そのような時は、保護者に医療機関への受診を勧めてみます。しかし、「診断を付けられるのが嫌だ！」「薬はからだに良くない」なと、頑なに拒否をされることがあります。時間をかけながら保護者とじっくり話すことが大切ですが、医療機関に繋げることの難しさを実感します。

■子どものために何ができるか

　管理職が保護者や教員と一緒に考えたいのは、医療機関の受診や服薬ありきではなく、「困っている子どもに対して何ができるか？」ということではないでしょうか。誰にでも有効な「魔法の薬」やすぐに成果があらわれる「環境調整や指導法」があるのではなく、保護者や教員に、子どもと向き合って、その成長を助けることが大切だと思える働き掛けをすることが必要だと考えます。また、教員はトラブルや不適切な行動を何とかしたいということだけに目が向きがちですが、あらためて子ども一人一人の特性や家庭環境、成育歴、友達関係等、多角的に理解する体制も必要です。特に管理職は、「子ども、保護者、教員が幸せになるための支援方法や体制づくり」は何かを考え、実現するための腕を磨かないといけないかもしれません。

　保護者も教員もまだまだ薬に関する知識は乏しいと感じます。行動は改善できても、副作用によって学習への参加や食事を摂ることが難しくなることもあります。また、学校では発作時に薬を飲ませることや薬の管理を担うことの安全性に対して苦慮することもあります。そのため、薬のことは「専門家である医師に任せるべき」と言う人もいます。しかし、子どもたちにとっては特性（気質）や疾患、自分が飲んでいる薬のことを理解してくれている大人が周りにたくさんいることは、とても心強いことだと思います。管理職は単に薬に関する知識を増やすということではなく、保護者や教員と共に「子どものために最善を尽くす」という姿勢を持ち続けていきたいものです。

（山口　純枝）

第**9**章

発達障害の経年変化と服薬

❶ 子どもが飲んでいる薬の把握 ·····················

　子どもの中には、様々な疾患や障害を抱え、それを治療・改善するために服薬していることがあります。学校では、養護教諭を中心として子どもが飲んでいる薬を把握していたり管理していたりすることが一般的ですが、担任の中には、子どもが「薬を飲んでいる」ということを把握しているものの、その薬の名前や効用などを知らないこともあります。教育活動（授業）をする上で、担任が薬の特徴をある程度知っておくことは、教育的対応において大きな差が出ますので、とても重要なことです。

　例えば、多動・衝動性を少なくするための薬を服用している子どもが給食をあまり食べない時、担任が叱責して無理やり食べさせようとする場合があります。また、てんかん発作を予防するためにの薬を服用している子どもが授業中にボーッとしていたり寝ていたりしている時、担任が注意することがあります。担任に少しでも薬の知識があれば、副作用でそのような行動を示していると理解され、服薬している子どもが注意されたり叱責されたりせずに済むのではないかと残念でなりません。

　最近は、特別支援教育の体制が整い、本人・保護者の理解も進んでいることから、積極的に不適応状況や問題行動を服薬で改善しようとする一方で、個人情報の保護を理由として、保護者は子どもが服薬していることを担任に伝えないことも少なくありません。このような場合、担任と保護者との連携は難しいものがあります。学校生活の中で薬の影響は少なからずありますので、担任としては必要最小限の確認や連絡が必要不可欠となります。

　担任として、病院の受診や薬については、第1部【医療編】の中で示されている基本的な知識を学んでおきたいものです。また、薬の副作用などについての合理的配慮が必要な場合には、本人・保護者と合意形成（確認）して、個別の教育支援計画に明記することも重要となります。

　しかし、薬を飲んでいるからと言って薬だけに頼ってはいけません。薬は改善の手助けになりますが、学校生活や家庭生活での環境調整、本人の行動調整や自己理解も重要です。

② 発達障害と薬

　各年代で不適応状況や問題行動を示している子どもの中には、発達障害の疑いがあるのに、それを知らないで学校生活を送っている場合も少なくありません。特に不登校やひきこもりの子どもは、4人に1人が発達障害との報告もあります（齋藤ら，2011）。小・中学校に在学する学習面・行動面・生活面で困難を抱えている子ども（発達障害が疑われている）は、文部科学省の調査によると2012年で6.5％、2022年で8.8％と推定され、1学級の中に3〜4人程度と報告されています。また、三浦（2017）は、特別支援教育専門家チームの巡回相談のスクリーニングで10〜30％と報告しており、年々増加している傾向にあります。「発達障害」という用語は、学校の中で当たり前のように使用していますが、保護者の中には"分かっているようで、明確に分かっていない"という方も多いのではないでしょうか。

　最新の国立精神・神経医療研究センターの『こころの情報サイト』（2023）では、発達障害（神経発達症）について、「脳の働き方の違いにより、物事のとらえかたや行動のパターンに違いがあり、そのために日常生活に支障のある状態です。発達障害には、知的能力障害（知的障害）、自閉スペクトラム症、注意欠如・多動症（ADHD）、限局性学習症（学習障害）、協調運動症、チック症、吃音などが含まれます。同じ障害名でも特性の現れ方が違ったり、他の発達障害や精神疾患を併せ持つこともあります。」と述べられています。つまり、生まれつき脳に障害があり、そのためにそれぞれの"特性がある"ということになります。表9-1には、これらの特徴を示しました。なお、発達障害の捉えとしては、医療（厚生労働省）、教育（文部科学省）、福祉（発達障害者基本法）などの分野で若干、異なる場合があります。

　不適応状況や問題行動を示している子どもの中には、その症状を改善したり和らげたりするために服薬している場合もあります。第1部【医療編】で解説していますので参照してください。

表9−1　発達障害の特徴

知的能力障害 (知的障害)	知的機能の水準によって日常生活への適応に困難がある状態をいいます。概念的領域（読み書きなど）、社会的領域（社会的スキルや問題解決など）、実用的領域（身辺自立など）などの困難さで、重症度を判断します。
自閉スペクトラム症	言葉や視線、表情、身振りなどを用いて相互的にやりとりをしたり、自分の気持ちを伝えたり、相手の気持ちを読み取ったりすることが苦手です。また、特定のことに強い関心をもつ、こだわりが強い、感覚が過敏であるといった特徴を持ち合わせます。
注意欠如・多動症（ADHD）	発達年齢から期待される水準に比べて、学校、家庭、職場などの複数の場面で、落ち着きがない、待てない、注意が持続しにくいといった特性が見られます。
限極性学習症 (学習障害)（LD）	全般的な知的発達には問題がないのに、読む、書く、計算するなど特定の学習のみに困難が認められる状態をいいます。
協調運動症	粗大運動および微細運動が不器用であるなど協調運動に困難であり、日常生活に支障を来している状態をいいます。
チック症	チックは、思わず起こってしまう素早い身体の動きや発声です。様々な運動チック、音声チックが1年以上にわたり強く持続し、日常生活に支障を来すほどになる場合にはトゥレット症と呼ばれます。
吃音	滑らかに話すことができないという状態をいいます。音を繰り返したり、音が伸びたり、なかなか話し出せないといった、様々な症状があります。就学前にみられる吃音は数年の間に軽減することが多いのですが、長期に持続する子どももいます。吃音は体質的な要素が強いことが知られています。

(国立精神・神経医療研究センター『こころの情報サイト』を基に作成)

③ 発達障害の経年変化と早期対応

（1）　LD・学習の遅れのタイプ

　学習不振や低学力、いわゆる学習の遅れの子どもは、年長児（5歳）頃から自分の名前を読んだり書いたり、数字を唱えたりすることが苦手といった兆候が出始めます。小学校に入学すると、国語（読み・書き）や算数（計算）の学習において困難さが顕著になります。心理・発達・認知検査（KABC-Ⅱ、WISC™-Ⅴ・WISC™-Ⅴなど）を実施することにより、認知能力あるいは知能指数（IQ）が普通（または高い）なのに、国語や算数の能力が低い（小学校3年生までは1学年以上の遅れ）場合には、LDと診断（判断）されることがあります。

　担任や保護者の中には、学習が遅れていたり勉強ができないと、「LDではないの？」と安易に思っていることが少なくありません。しかし、学習の遅れには、①LDタイプ、②全般的な学習の遅れタイプ、③知的障害タイプ、の3つのタイプがあるのです。端的に説明すると、LDタイプは「認知能力が普通以上あるのに教科学習能力が普通より低い」、全般的な学習の遅れタイプは「認知能力も教科学習能力も両方で1〜2

学年程度低い」、知的障害タイプは「認知能力も教科学習能力も両方で2学年程度以上低い」となります。そこで、以下には概ね3つのタイプの違いを示しました。

担任や保護者が困り感を抱いていたり学習が遅れていたり勉強できないタイプは、LDタイプよりも全般的な学習の遅れタイプの方が多いのです。

---

① LD（学習障害）タイプ
・国語科、算数・数学科、英語科（外国語活動）の学習の遅れ
・小学校3年までは1学年以上の遅れ、4年生以上は2学年以上の遅れ
・認知能力がIQ＝90（下限85）程度以上
②全般的な学習の遅れタイプ
・主要5教科で1〜2学年の遅れ
・認知能力がIQ＝85以下〜70（上限75）程度以上
・NRTテストで国算英44程度以下、5段階評価の成績は2の段階が多い
③知的障害タイプ
・多くの教科で2学年以上の遅れ
・認知能力がIQ＝70程度（上限75）以下、
・NRTテストで国算英34程度以下、5段階評価の成績は1の段階が多い
・特別支援学級（知的）の該当

POINT

3つの学習の遅れのタイプを見分ける個別検査はありますか？
・個別検査（特にKABC-Ⅱ）を実施すると、3つのタイプの鑑別判断が可能です。
・その他、『読み書きスクリーニング検査（STRAW-R）』、『LD判断のための調査票（LDI-R）』などでも見分けることが可能です。

（2）　LD・学習の遅れの経年変化

図9-1には、学習の遅れの経年変化を示しました。LDタイプや全般的な学習の遅れタイプでは、年長児の段階で既に平仮名の読み書きが苦手であったり、数字が読めなかったりします。この状況で小学校に入学すると、国語科や算数科の学習では当然遅れが目立ちます。そして、2年生になるとLDや学習の遅れが明確になり、3年生では1学年以上の遅れとなって、LDや全般的な学習の遅れの判断となります。この学年の頃から特別支援学級（知的）の対象になっていく可能性が大きくなります。3年生で特徴なことは、ローマ字（国語科）と英語（外国語活動）の両方を学習することになるので、両者のスペルや読み書きを混同してしまう困難です。さらに、4年生以上でほとんど学習に追い付いていけなくなると、学習性無力感や不登校傾向といった困りごとがさらに増えてきます。中学校進学において、特別支援学級（知的）の在籍変更を拒否して通常の学級を希望する子どもの中には、全く学習に追い付いていけないのでギブアップの状態になる場合も出てきます。

LDの基準は、小学校3年生までは1学年以上の学習の遅れです。つまり、小学校

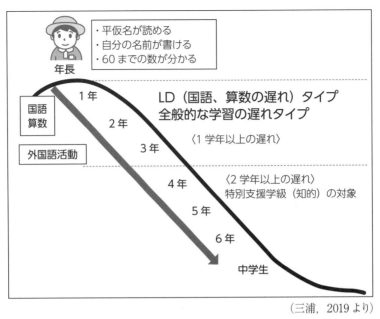

年長
・平仮名が読める
・自分の名前が書ける
・60までの数が分かる

国語
算数

外国語活動

1年

2年

3年

4年

5年

6年

LD（国語、算数の遅れ）タイプ
全般的な学習の遅れタイプ

〈1学年以上の遅れ〉

〈2学年以上の遅れ〉
特別支援学級（知的）の対象

中学生

（三浦，2019より）

図9-1　LD・学習の遅れの経年変化

1年生修了の時点で1学年以上の学習の遅れにならないように予防しなければなりません。そこで、担任や保護者がその目安として分かりやすいように、以下には国語科と算数科の学習達成について最低ラインを示しました。

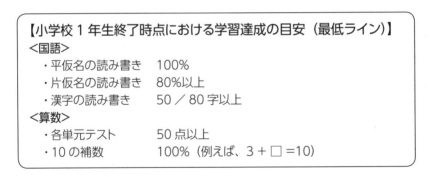

【小学校1年生終了時点における学習達成の目安（最低ライン）】
<国語>
・平仮名の読み書き　　100%
・片仮名の読み書き　　80%以上
・漢字の読み書き　　　50／80字以上
<算数>
・各単元テスト　　　　50点以上
・10の補数　　　　　　100%（例えば、3＋□＝10）

　しかし、1年生で最低ラインの目安を達成したからといって安心はできません。2年生になると「かけ算九九」を学習しますが、九九を暗記することはできても九九を使った文章問題でつまずくことがあります。算数科は、系統学習です。一度つまずくと図9-1のように、学習を取り戻すことは難しくなっていきます。
　筆者が保育現場の中で年長児（5歳児）の知的能力をスクリーニングする際に、「自分の名前の平仮名が読めない」「自分の名前が書けない」「カレンダーの日にちが分からない」「自分の誕生日が言えない」などの子どもがいます。しかし、決して知的能力が低いわけではありません。保育場面や家庭環境の中で文字や数に接する機会が少ないことも一因ですが、最も大きな要因は、保護者や保育者が「子どもの能力につい

て、知的に遅れていることを気づいていない」ため、"普通の子"と思っていることです。また、多少なりとも気づいていても、「今できなくとも、小学校に入れば国語科や算数科の学習をするので、そのうち覚えるのでは？」と思っているかもしれません。ADHDやASDの子どもは、不適応状況や問題行動を示していても、服薬することによって劇的な効果をもたらすこともありますが、LDや学習の遅れに対する薬はないのです。一度遅れてしまった知的能力を回復させるには、相当な努力が必要となります。

　保育者、保健師、幼児教育関係者、保護者の方には、もっと子どもの知的な発達的側面に注目して子育てをしてほしいと願っていますし、そのための保育活動も必要であると考えます。三浦（2013, 2017）は、年長児から小学校1年生への接続カリキュラム（アプローチカリキュラムとスタートカリキュラム）を作成して保幼小の保育・教育課程の連携を図ること、小1プロブレムを防ぐための保育活動の題材を設定することにより、LDや学習の遅れになりにくいことを指摘しています。

　LDタイプは、生まれつきの脳の中枢機能障害なので改善が難しいかもしれませんが、早期からの適切な指導方法を適用することで改善に至った事例も数多く報告されています。全般的な学習の遅れタイプは、保育・学習の環境要因によって引き起こされることが実に多いので、"気づきと早期対応"が重要です。

　一方、平仮名や数が分からない子どもの中には、発音不明瞭で「構音障害」が見られる場合があります。例えば、「6歳」→「ろくしゃい」、「ゾウ」→「じょう、どう」などの発音です。幼児期において、赤ちゃん言葉（幼児語）が改善されるのは、年少児の誕生日（4歳）から年中児の誕生日（5歳）までが多いのですが（三浦, 2013）、年長児（5歳）になっても改善されずに小学校に入学すると、国語科の本読みでの「読み障害」、文字が正確に書けない「書き障害」になる確率が高くなります。

　したがって、小学校に入学するまでには、平仮名が読める、自分の名前が書ける、60までの数字（カレンダーや時計）が読める、ことばの発音が明瞭であるようになりたいものです。LDタイプや全般的な学習の遅れタイプには、効果的な薬がありません。だからこそ、幼児期（特に年長児）からの読み書きや数の理解は重要です。

　ここで断っておきますが、幼児期において、ことば（国語科）やかず（算数科）の教科的な学習をしなければならないということを述べているのではありません。あくまでも「遊び活動」を通してのことばやかずの自然的な習得を意味しています。

（3）　ADHD・ASDの経年変化

　ADHDやASDは、行動面で問題を起こしたり対人関係面で不適応状況を繰り返したりします。ADHDとASDは、両者を併存して診断を受けることが少なくありませ

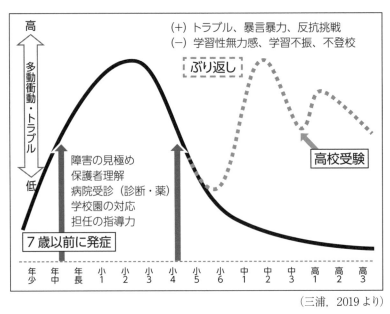

図９−２　ADHD・外向性 ASD と経年変化

ん。ASD では、外向的な気質（他人に向かう）と内向的な気質（自分に向かう）の相反する気質が見られますが、特に ASD の外向的な気質は、離席をしたりトラブルや粗暴な面もあるので、ADHD の多動・衝動性と同じように見えてしまうことがあります。

　図９−２には、ADHD や外向性 ASD の経年変化の状況を示しました（三浦, 2019）。ADHD の発症時期は、７歳以前（その後、診断基準 DSN-5 で 12 歳未満）といわれています。つまり、ADHD や ASD は、不適応状況や問題行動が年少（３歳児）頃から兆候が現れはじめ、年長（５歳児）頃になるとそれが顕著になります。小学校に入学すると更に高まり、１年生の２学期頃から２年生頃にかけてピークに達します。そのため、第１部【医療編】で説明しているように、医学的に遅くとも小学校４年生の夏休み前（10 歳の壁、スクールカースト、子ども同士の新ルール）までに障害の見極めをして、保護者の障害理解、医療受診、服薬、学校の適切な対応、担任の指導技術力があると、その後は安定していくでしょう。しかし、病院受診や服薬の拒否・遅延、保護者の無理解、学校生活や家庭生活における環境調整の不備、担任の指導力不足、級友との引き合いなどがあると、不適応状況や問題行動が改善されずに継続します。４年生以降はいったん落ち着いてきたかのように見えますが、それは、「自己理解ができてくる時期」なので、周りの状況が少しずつ分かり自制するからです。しかし、基本的には改善されないため、小学校高学年や中学校から思春期の反抗期と相まって再び更に悪化し、いわゆる"ぶり返し"の状況が出てきます。"ぶり返し"には、気質の強弱（＋と−）が見られ、プラスが強くなるとトラブル、

暴言暴力、反抗挑戦性が出てきますし、マイナスが強くなると学習性無力感、学習不振、不登校などの併存障害が出始めます。【医療編】で述べられているように、最終的には、中学校2年生頃までに改善できるかが、その後の子どもの人生（進路、社会適応、安定した生活など）に大きく影響をもたらします。

　また、ASD は成長に伴う視野の広がりから「自分は他者と違う」という気付きが生まれ、不安が高まり、それが引き金になって孤立強化が起こります。その違いから、時には、いじめや仲間はずれのように疎外され、学校生活がなんとなくうまくいかないために、登校しぶりや不登校に発展することがあります。

第10章

環境調整・行動調整と自己理解

❶ 薬だけに頼らない

　子どもが服薬をしているからと言って、常に状態が安定しているとは限りません。薬の効果を高めて持続させながら不適切状況や問題行動を改善していくために、担任と保護者は共に連携しながら学級の学習環境や家庭の生活環境を整えていくとともに、子どもは自身の不適切な言動や行動を調整していくことが必要不可欠です。そして、何よりも子ども

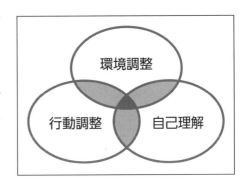

自身が薬の効果を実感したり、言動や行動の変容を理解することが必要となります。
　つまり、薬物治療に加えて"環境調整・行動調整・自己理解"が三位一体となって相互作用しながら安定化していくことが重要なのです。

❷ 環境調整

　環境調整とは、学校や家庭、その他の生活場面での環境を整えることです。例えば、学校における学習環境の場面設定としては、以下の9つが考えられます。その具体的な対応について解説します。

> (1) 座席の配置
> (2) 感覚過敏・感覚鈍麻への対応
> (3) 教室内の環境と個別学習室の設置
> (4) 登校から授業開始までの過ごし方
> (5) 休み時間の過ごし方
> (6) 休み時間から授業への切り替え
> (7) 学習内容や宿題の量
> (8) 部活動・クラブ活動での練習内容やルール設定
> (9) 学習塾や放課後児童クラブ等での課題量や過ごし方

（1）　座席の配置

　学習環境における座席の配置は、これまであまり重要視されず、ジャンケンやくじ引きで決めていたことがありました。しかし、服薬している子どもの多くが外向性の気質があり、同じような子どもがお互いに引き合ってそれぞれの気質を高め合うことがあることから、担任がジャンケンやくじ引きで決めることなく、子どもの気質の特徴や知的能力、実態等を考慮しながら理論的に座席を配置することが重要です。

　例えば、同じような外向性気質（ADHD 様相、ASD 様相）の子どもが隣の座席で引き合ったり、それぞれの子ども同士の姿（身体）が見えることのないようにするため、座席は横一列に飛び飛び（1つ置き）に配置し、その外向性気質の子どもの間に内向性気質の子どもを配置するようにします（図10－1）。また、特に不適切な言動（離席、多弁、トラブル、暴言、暴力など）を示す子どもがいる場合には、その子どもの前後左右に「空席」を設け、距離間を保つことで外向性気質を少なくすることができます（図10－2）。空席は、意図的に配置する場合や特別支援学級在籍の子ども（交流学習）の机を活用するのもよいでしょう。多弁の子どもの場合には、後方席にすると声が全体に響き渡るので前列または両サイドの前方に配置します（図10－3）。さ

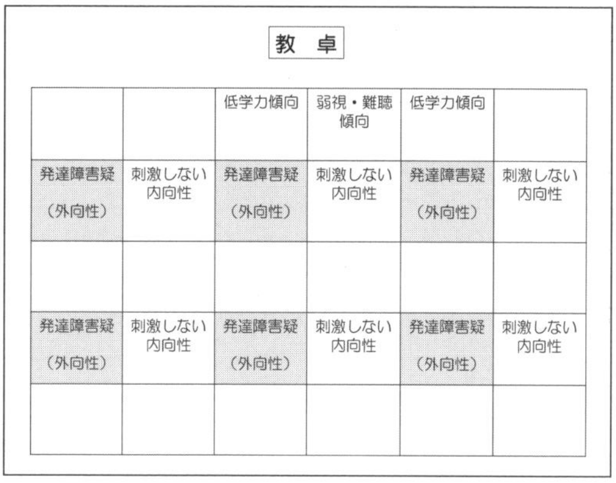

教卓					
		低学力傾向	弱視・難聴傾向	低学力傾向	
発達障害疑（外向性）	刺激しない内向性	発達障害疑（外向性）	刺激しない内向性	発達障害疑（外向性）	刺激しない内向性
発達障害疑（外向性）	刺激しない内向性	発達障害疑（外向性）	刺激しない内向性	発達障害疑（外向性）	刺激しない内向性

図10－1　座席の配置（内向性と外向性）

図10－2　座席の配置（児童の倍の空席）

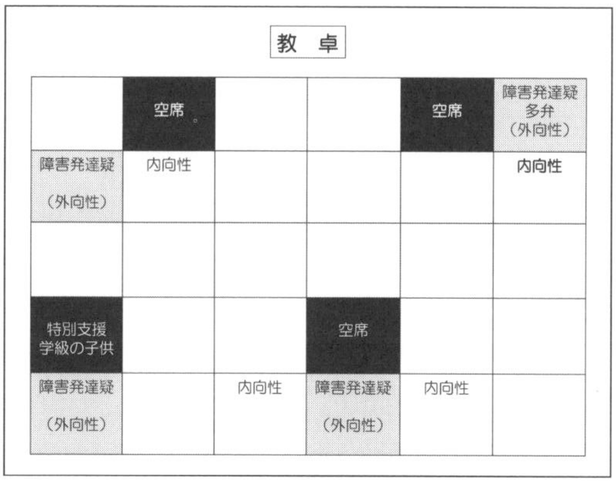

教卓				
	空席		空席	障害発達疑 多弁（外向性）
障害発達疑（外向性）	内向性			内向性
特別支援学級の子供		空席		
障害発達疑（外向性）	内向性	障害発達疑（外向性）	内向性	

図10－3　座席の配置（空席の設置）

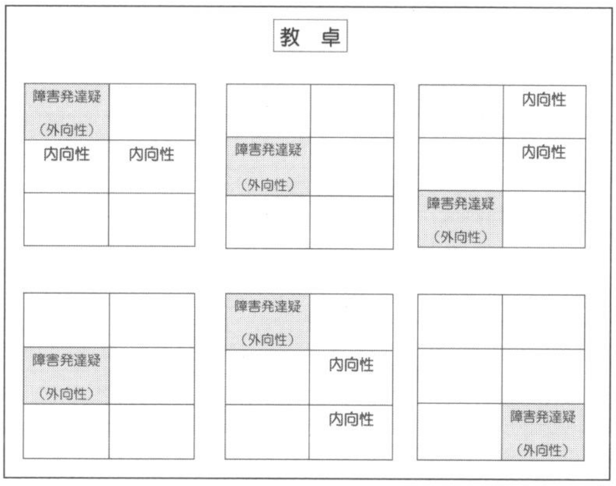

教卓					
障害発達疑（外向性）					内向性
内向性	内向性	障害発達疑（外向性）			内向性
				障害発達疑（外向性）	
		障害発達疑（外向性）			
障害発達疑（外向性）			内向性		
			内向性		障害発達疑（外向性）

図10－4　座席の配置（グループ学習）

らに、グループ学習を行う場合には、各グループに外向性気質の子どもを複数配置しないようにするとともに、内向性の子どもを複数以上配置します（図10－4）。

その他、夏場のエアコンの吹き出し口・通気口には、「暑がりの子ども」を配置し、冬場のスチームの吹き出し口・通気口には、「暑がりの子ども」を配置しないようにします。

（2）　感覚過敏・感覚鈍麻への対応

ASDの子どもに多く見られる感覚過敏・感覚鈍麻は、特性の一つです。診断基準を満たしていない「グレーゾーン」の子どもによく見られます。

感覚の五感には、視覚（眩しい、目を開けられない）、聴覚（音がうるさい、耳をふさぐ）、触覚（頭などを撫でられると嫌がる、触られたくない）、味覚（偏食がある）、

表10－1　HSCのチェックリスト〈13項目以上のチェックでHSCの可能性あり〉

1		すぐに、びっくりする。
2		洋服のタグや布地がチクチクする、靴下の縫い目を気にする。
3		サプライズ、驚かされるのが苦手である。
4		しつけは、強い罰でなく、優しい注意のほうが効果があると感じる。
5		保護者や先生など大人の心を読む。
6		年齢の割に難しい言葉を使う。
7		いつもと違うにおいによく気づく。
8		ユーモアのセンスがある。
9		直感力にすぐれていると思う。
10		興奮するとなかなか寝付くことができない。
11		大きな変化にうまく対応できない方である。
12		よく質問をする。
13		服がぬれたり、砂が付いたりすると嫌がり、すぐに着替えたい。
14		完璧主義なところがある。
15		他の誰かがつらい思いをしているとすぐに気づく。
16		静かに遊ぶことを好む。
17		考えさせられる深い質問をする。
18		痛みや空腹に敏感である。
19		うるさい場所、大声を出す人などを嫌がる。
20		細かいこと（モノの場所や人の外見が変わる）によく気づいている。
21		石橋をたたいて渡るような慎重なところがある。
22		人前で発表する時には、知っている人だけのほうがうまくいく。
23		物事を深く考えていると思う。

（Aron, 2002より）

嗅覚（においが気になる）があります。その他、温度覚（暑がり、寒がり、衣服の調節ができない）、雨・台風・雪などの低気圧に弱い、痛覚（触られただけで痛いと感じる、痛さを感じない）などもあります。最近では、過敏に反応する「アーレンシンドローム（アーレン症候群）」の子どもや、表10−1に示した「Highly Sensitive Child（以下、HSC）」と呼ばれている "人一倍敏感な子ども" も見られます（Aron, 2002）。子どもの15〜20％にHSCがあるといわれています。

　このような感覚過敏・感覚鈍麻がある子どもには、「我慢しなさい！」「がんばりなさい！」などと指導したり声掛けしたりしても改善されません。子どもが嫌がる状況をできるだけ作らないように対応します（表10−2）。

表10−2　感覚過敏・感覚鈍麻への対応

視覚	・眩しく見えづらい場合は、サングラスを使用する。 ・「見る」「読む」時には、カラーの透明フィルムを通して文字を見たり、カラーレンズの眼鏡を装用したりする。 ・パソコンなどの背景画面は、黒系の色に設定する。 ・配色は、赤と緑は見えづらいので、青やオレンジを使用する。
聴覚	・音量を下げる、音が聞こえない工夫をする。 ・耳栓やイヤーマフを使用する。
触覚	・「頭を触られるのが嫌い」「紙ヤスリはザラザラしていて触れない」など、自分から発信する。 ・「触るよ。」「肩に手を置くよ。」などと具体的に伝えてから触らせる。 ・「感覚発達チェックリスト」（JSI-R）を用いて多角的に把握する。 ・「測定器」を使用し、人体に影響がないといった安全基準を確認する。
味覚	・偏食は、「食べ切る」ことができる量（1粒、1cm等）を盛り付ける。 ・好きな食べ物に混ぜて食べる。 ・他の栄養素で代用する。
嗅覚	・マスクの着用、場所の移動を確認する。 ・本人の好きなにおい（香水など）を付けたり、スプレーしたりする。
温度覚	・エアコンや扇風機、暖房機器等を使用する。 ・温度計や湿度計を見て、感覚を判断する。 ・天気図を見て、体調不良を事前に予見する。 ・「衣服選択シート」を見ながら、気温に見合う衣服を選択する。
痛覚	・血が出たら、手当てをすることを覚える。 ・湿布薬を貼る。

（3） 教室内の環境と個別学習室の設置

①教室内の環境

　子どもたちが毎日過ごす教室内の学習環境を整えることは、発達障害がある子どもだけでなく、障害のない子どもにとっても共通して必要です。基本的な学習環境としては、「暗い」「寒い」「狭い」の"三原則"を設定し、子どもたちが集中して学習に取り組めるようにします。

```
「暗い」・・・カーテンを引く、ブラインドを下ろす。
「寒い」・・・最適な温度（21〜23度）と湿度（50〜60%）を保つ。
「狭い」・・・衝立やブロックを設置する。
```

　まず、授業中に窓から太陽の光が燦燦と入ってくると、暑いうえに眩しくて黒板が見えにくくなるため、カーテンを引いたりブラインドを下ろしたりして「暗く」し、蛍光灯をつけます。次に、教室内の温度と湿度を一定に保つために、エアコンやスチーム等で調節します。最適な温度は21〜23度、湿度は50〜60%です。「寒く」することで体が締まり集中できます。エアコンがない場合には、扇風機などを使います。夏場では、冷却アイテム（アイスネックリング、アイスシート等）を活用するのもよいでしょう。冬場では、使い切りカイロを使ったり、扇風機を使用して空気を循環させたりすることもよいでしょう。最後に、集中できない場合には、衝立を設置したりパーティションで仕切るなどして「狭い」空間を作ります。例えば、コロナウイルス感染症対策用の「アクリルパーティション」、図書館での「仕切り板」のようなものでも可能です。

②個別学習室の設置

　発達障害がある子どもの不適切な言動は、周りの子どもたちに悪影響を及ぼし、他の子どもたちも気質を高められて学級全体がザワザワして落ち着かなくなります。そこで、その子どもに対しては、常に学習している座席から個別学習室へと移動させます。個別学習室は、"不登校のための学習室や居場所"とは異なり、気分を安定させるための一時的なクールダウンや学習をするための部屋となります。個別学習室は、教室内と教室外の設置とに区別されます。

　教室内は、教室外に行くことを嫌がる子どもを対象とし、教室の後ろ隅（図10-5）や教員机の付近（図10-6）に設置します。また、子どもの脇に衝立（図10-7）を設置します。一方、教室外は、相談室や空き教室等を改造して設置します（図10-8）。基本的には、上述した「暗い」「寒い」「狭い」の三原則ですが、備えておくべきグッズとしては、タイマー、パンチングバッグ、（ミニ）トランポリン、（ミニ）ブランコなどです。タイマーは、"クールダウン"の時間測定に使用します。タイマー

は、キッチンタイマーや砂時計の方が「終了」の目安が分かりやすいものとなります（図10－9）。パンチングバッグやトランポリン、ブランコは、イライラ感を発散させて気持ちを鎮める効果があります（図10－10）。特にASDの子どもは、上から下に連続して落ちるものや往復運動を好むことを活用したものです。

図10－5　教室内に個別学習室（後ろ隅）

図10－6　教室内に個別学習室（教員机）

図10－7　教室内に個別学習室（衝立）

図10－8　教室外に個別学習室

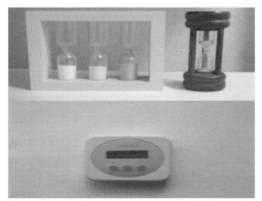

図10－9　グッズ（砂時計とタイマー）

図10－10
グッズ（トランポリン、パンチングバッグ）

第10章
環境調整・行動調整と自己理解

（4）　登校から授業開始までの過ごし方

　朝、登校前に服薬してきた子どもが学校でトラブルを起こしたり落ち着かないことがあります。担任は、「薬を飲んできたはずなのに、何で不安定なの？」と思うかもしれませんが、このような場合は、子どもがパニックを起こしている状況と考えられます。

　原因は、想定外のことが起きたり、周囲からの刺激（周りがうるさい、注意される、ちょっかいを出される、急かされる）や本人の体調や生理的欲求（おなかが空いている、眠い、だるい）、生活環境（暑い、寒い、気圧が低い）などがあります。このようなことがあると、ケンカ、トラブル、暴言、何もしない、他人のせいにするなど不適応が見られるかもしれません。いわゆる"闘争－逃走反応"を示すことが考えられます。

　このような時の対応として、①朝の家庭内においては、保護者が急かしたり注意をしたりしないこと、②登校は、一人登校又は保護者が学校に送ってくること、③登校後・授業前では、一人になるような静かな場所（保健室など）で過ごすこと、などが考えられます。パニックを起こしている時の対応は「かまわない」が前提です。「どうしたの？」「大丈夫？」などの声掛けで、逆にパニックがひどくなることがあります。静かな場所で一人にしておきましょう（クールダウン）。注意や説教はしないようにしましょう。

（5）　休み時間の過ごし方

　服薬している子どもの中には、授業中は薬の効果があって落ち着いているのに、休み時間になると不適応（ケンカ、トラブル等）を起こすことがあります。その子どもたちの間でトラブルが発生しやすいのは、2時間目と3時間目のロング業間、昼休み時間です。同じ特性（気質）同士が遊んでお互いに引き合います。そこで、この時間帯にトラブルが発生しないように、計画的に遊ばせることにするとよいでしょう。

　例えば、表10－3のように30人の学級と仮定して、1グループ6人編成にして、計5グループ（A・B・C・D・E）に分けます。5グループあるので同じ特性（気

表10－3　休み時間の遊び場所割り当て

遊ぶ場所	教　室	校庭グラウンド	校庭・遊具	体育館	図書室
月曜日	Aグループ	Bグループ	Cグループ	Dグループ	Eグループ
火曜日	Eグループ	Aグループ	Bグループ	Cグループ	Dグループ
水曜日	Dグループ	Eグループ	Aグループ	Bグループ	Cグループ
木曜日	Cグループ	Dグループ	Eグループ	Aグループ	Bグループ
金曜日	Bグループ	Cグループ	Dグループ	Eグループ	Aグループ

質）同士を分散させます。また、内向性気質や外向性気質も均等になるように配分します。5 グループは、毎日ローテーションで遊び場所を変えていきます。このように、計画的に同じ特性（気質）同士が一緒にならないように遊ばせます。

（6）　休み時間から授業への切り替え

　休み時間は、同級生、上級生、下級生といろいろな友達と遊ぶことが多いです。子どもたちが引き合うと、それぞれの特性（気質）がどんどん高まったり強くなったりして、興奮度も最高潮になって教室に戻ってきます。この状態で授業を始めると、「疲れているからやりたくない」「集中しない、落ち着かない」「トラブルが収まらず火種がくすぶっている」「暑い！」「汗をかいて気持ち悪い」などの状況が生まれます。

　そこで、この高まったり強くなったりした特性（気質）をいったん下げることが必要です。つまり、切り替えを上手に行うことです。例えば、以下のことを意図的に行います。

> ・トイレに行き、手を洗い、顔を洗う
> ・冷たいタイルで汗をぬぐう（冷却スプレーも可）
> ・水を飲む（水筒を準備しておく）
> ・心を落ち着かせるために黙想（3 分程度、目を閉じる）する

　前項の（3）「①教室内の環境」でも解説しましたので、併せて実施することが可能です。切り替えがうまくいけば、授業も安定した中で行うことができるでしょう。

（7）　学習内容や宿題の量

　ADHD や ASD の子どもの中には、読み・書き・計算といった学習障害（LD）を伴っている場合があります。いわゆる併存障害です。このような子どもには、第 11 章の 1 で後述する教育的対応をとり、教育環境を整えるなどして、"学習の構え"ができるようにしたいものです。

　学習成績の低下により、"怒られる"こともしばしばあるため、学習意欲が低下して、小学校高学年から中学校にかけて「学習性無力感」（何もしたくない、やりたくない）を示す子どもも出てきます。モチベーションを高めることが必要になってきます。例えば、テスト（単元、中間、期末など）では、事前に本人と話し合って合格基準を設定します。具体的には、他の子どもの合格点が 80 点だとして、本人には「30 点で合格」と伝え、30 点以上取れるように励まします。結果的に 30 点以上取れれば、大いに褒めます。褒められる嬉しさを味わわせます。

また、宿題をしない子どももいますので、事前に子どもと話し合って、宿題の量を減らすなど調整することも必要になります。

（8）　部活動・クラブ活動での練習内容やルール設定

　学級内では同じ学年同士の集団ですが、部活動・クラブ活動などでは、異年齢の集団での活動になります。学級内では、子ども本人のことを理解してくれていても、部活動・クラブ活動などでは理解してくれるとは限りません。先輩から命令されたり、独自のルールを押し付けられたりすることもあります。また、他の子どもは、本人が服薬していることさえ知らないはずです。そのため、些細なことがきっかけでトラブルの発生にもなります。ASD の子どもは、「見通し」がきかないと行動できなかったり、マイルールで行動したりすることがありますので、毎回、ルールの確認をすることが不可欠です。

　服薬をしている場合でも夕方頃から効果が薄れてくることがあるので、トラブルの発生が高くなる可能性もあります。あまりにもトラブルが多い場合には、医師に相談しましょう。

（9）　放課後児童クラブでの課題量や過ごし方

　保護者が共働き等により日中家庭にいない小学生を預かり、その遊びと生活を支援し、健全育成を行っている放課後児童健全育成事業の通称として、放課後児童クラブ（児童クラブ、学童クラブ、学童保育）があります。子どもたちは、学校で授業を終えた後に放課後児童クラブで過ごすことになり、学校での生活環境と大きく変わります（表 10 − 4）。特に、発達障害があったり薬物治療をしている子どもの中には、薬の効果時間が薄れたり、保護者が迎えに来るまでの時間の見通しができなかったり、異年齢集団の人間関係がスムーズにいかなかったりして、上述した"闘争−逃走反応"を示す場合もあります。例えば、見通しを持たせるための指導方法として、図 10 −11 に示したように「放課後児童クラブでの過ごし方」をプリントに書かせ、それを掲示しておくことも効果があるでしょう。

　一方、放課後児童クラブの職員（指導員）は、服薬のことや障害の程度や特徴などを知らされていないことが多いです。様々な情報を共有したいところですが、個人情報保護により、学校や家庭の方から職員（指導員）に子どもの情報が詳細に伝わらない場合があり、職員（指導員）がどのように対応すればよいか困惑していることもあります。本人・保護者からの「情報の申し出」がないと、よりよい指導・支援につながりません。

表 10 － 4　学校と放課後児童クラブとの違い

環　境	学校での環境	放課後児童クラブ
スケジュール	時程表に従う	お迎えの時間まで過ごす
年齢構成	同学年	異学年（1 年生〜6 年生）
学習態勢	自分専用の机といす	共有の長机といす（正座・あぐら）
使用面積	一定の広さ（教室）	部屋が狭かったり、広かったり一定でない
使用場所	教室、体育館、校庭、図書室など	教室など
学習課題	同一課題（宿題）	個別の課題（宿題）
サポート体制	教員、支援員	職員（指導員）

```
            月　　日（　　）　　放課後児童クラブでの目標
   (名前：　　　　　　　　　)　帰る予定時間（　　時　　分）

   勉強・宿題
     1.

     2.

   遊び・休けい
     1.

     2.
```

図 10 － 11　放課後児童クラブでの目標設定

③　**行動調整** ┄┄

（1）　行動調整を促す事例

　不適応状況や問題行動を調整する具体的な実践として、例えば、本人の問題行動を列挙して自覚させ、ルールを決めて、その問題行動が良くなれば（ルールを守ることができれば）褒める、悪くなれば（ルールを守ることができなければ）ペナルティを課すなどして問題行動を減少させる方法があります。

　最初に、図 10 － 12 のように、問題行動となっている標的行動（悪い行動）をすべて洗い出します。次に、その標的行動に順位を付け点数化（最も悪い行動から－ 5 点、－ 4 点、－ 3 点、－ 2 点、－ 1 点）します。一方、"悪い行動"だけではなく、"良い行動"も点数化（最も良い行動から＋ 5 点、＋ 4 点、＋ 3 点、＋ 2 点、＋ 1 点）します。そして、マイナス点とプラス点を相殺し、一定のライン（ここでは－ 10 点）まで許しますが、そのラインを越えるとペナルティを入れます。そして、毎日、行動を表に記録しておき、標的行動（悪い行動）を減少させていきます。さらに、図 10 －

	悪い行動	ポイント	良い行動	ポイント
①	友達への暴力、物の破壊	−5	友達とケンカやトラブルがない	＋5
②	断りなく友達の物を取る	−5	友達の物を盗まない	＋5
③	授業中、教室から出る	−5	授業中、教室から出ない	＋5
④	授業中、大声で怒鳴ったり叫んだりする	−4	授業中、静かに学習する	＋4
⑤	宿題をしてこない	−4	宿題をしてくる	＋4
⑥	時間を守らない	−3	時間を守って行動をする	＋3
⑦	当番や係活動をしない	−2	進んで当番や係活動をする	＋2
⑧	掃除をしない	−2	みんなと一緒に掃除をする	＋2
⑨	体育着に着替えない、次の行動が遅い	−1	活動の切り替えができる	＋1
⑩	いたずらをする友達対して、ちょっかいを出す	−1	友達にちょっかいを掛けたり、迷惑行為をしない	＋1

許す
合計点
10点

ペナルティ

プリント
学習

サイン

図 10 − 12　行動調整法（善悪の行動）

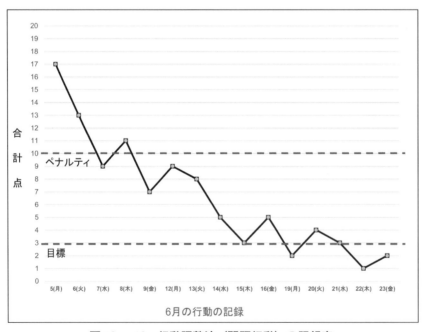

図 10 − 13　行動調整法（問題行動）の記録表

13のように、その点数をグラフ化して子ども本人に見せる（確認させる）ことによって、さらに、問題行動が少なくなるでしょう。

　不適切行動（暴力など）が起こった時、その子どもに「友達を殴ってはいけません。」と指導（注意）しても効果がありません。そこで、"殴って良いもの"と"殴ってはいけないもの"の両方（善悪）を提示して区別して教えます。表などに整理して教えるのもよいでしょう（表10-5）。例えば、"殴って良いもの"は、「パンチングバッグ」などです。一方、"殴ってはいけないもの"は、「人」「建物」「作品」などです。子どもに禁止させるのではなく、"殴って良いもの"を教えて発散させることが重要なのです。パンチングバッグなどを"クールダウン部屋"に保管しておき、毎日1回程度、「殴ってもいいよ」と伝えて殴らせます。このようにすることで友達を殴る頻度が少なくなるでしょう。

表10-5　善悪（殴って良いもの・殴ってはいけないもの）の区別

殴って良いもの	殴ってはいけないもの
・パンチングバッグなど	・人間（友達、教員） ・建物（壁、ドア、ガラス） ・飾ってある作品（絵画、美術品、調度品）など

❹　自己理解

（1）　自己理解と他者理解

　行動調整機能を上手に働かせるためには、自己理解が重要となります。不適応状況や問題行動を起こしている子どもは、よく「自分は悪くない！悪いのは○○君だ！」「何で、いつも僕ばっかり注意されるの？」「だって、○○だから・・・」などと友達のせいにしたり言い訳をしたりすることがあります。これは、自分の言動や特性（気質）を自己理解していないということになります。そのため、自分自身の言動や友達との関係性を振り返ったり理解できずに自分勝手な行動をしてトラブルになったりします。自己理解ができないということは、同時に他者理解もできないということになります。

　例えば、自分や級友の特性（気質）や性格・個性などを理解するために、子どもに「長所と短所について皆さんに話してください」と発言を求めたとします。そうすると、それぞれに自分が思っている長所と短所を発表します。しかし、発言の中には、「それ、違うんじゃないの？」と疑いたくなるような内容もあります。つまり、長所と短所は、周りの皆が認めてこそ成立するのです。

（2）　自己理解の発達

　子どもの中には、担任に不適切行動を指摘されると、その不適切行動を振り返ってすぐに改善する場合と、何度となく指摘してもなかなか改善しない場合があります。何が違うのでしょうか。この違いは、自己理解の発達過程に関係します。

　佐久間ら（2000）によると、行動及び人格特性に関するについて、年長児（5歳）、小学校2年生（8歳）、4年生（10歳）へと年齢が増加するに伴い、肯定的側面（良いところ）よりも否定的側面（悪いところ）の方がより描出していることがうかがわれると報告しています。このことから、自己理解は年齢増加とともに発達し、通常の能力があれば小学校4年生（10歳）頃には自己理解が明確になってくることを示唆しています。これに反して、この学年や能力に達しない子どもは自己理解がなかなかできないということになります。このような場合の自己理解には、子どもに二者択一の比較で質問し、「どちらが自分にとって得（良い行動）になるのか」といった損得を考えさせながら行動できるようにする方法があります。一方、子どもが服薬している場合には、「なぜ、自分だけが服薬しなければならないのか？」「薬を飲んでいる時と飲んでいない時は、どんなふうに違うのか？」など、自分自身を理解していくことが重要となります。以下に、自己理解の面談の例を紹介します。

＜ケンカをした時の自己理解＞

担任：ノブヒロ君、さっき、コウヤ君と「おまえ！この野郎！バカ！」などと悪い言葉を使って、ケンカのようになったよね。

　　　まず、友達に対して悪い言葉を使うと友達は嫌な気持ちになるよね。また、ケンカもよくありませんね。

　　　ノブヒロ君、悪い言葉を言ったりケンカをしたりすると、結局、最後には先生に注意されたり叱られます。しかし、友達にやさしい言葉を掛けたり親切にしたりすると、先生に褒められます。

　　　ノブヒロ君、先生に叱られるのと、褒められるのでは、どっちが得だと思う？

本人：褒められる方・・・。

担任：そうだよね。今度から褒められるような行動すると得するよ。反対に悪い言葉を言ったりケンカをしたりすると怒られるから損するよ。分かったかな？

本人：うん。分かった。

<服薬している時の自己理解>

担任：ノブヒロ君、朝、薬を飲んでくるよね。どうして薬を飲むのかなあ？

本人：・・・、分かんない。

担任：クラスのみんなは、薬を飲んでいないよね。何でノブヒロ君だけが薬を飲まなければならないのか分かる？　何が違うのかなあ？

本人：うーん・・・。

担任：ノブヒロ君は、ケンカやトラブルが多くて、みんなはケンカやトラブルが少ないよね。
　　　この薬を飲むと、気持ちが安定して楽になるんじゃないかな。ケンカもしなくなるし、勉強も集中して取り組めるようになると思うよ。そういえば、最近、トラブルが少なくなったよね。きっと、薬が効いているからだと思うよ。

本人：そっかあ。

担任：ところで、ノブヒロ君。薬を飲んでいる時と飲んでいない時は、どんなふうに違うかな？

本人：うーん。何となく、落ち着くなあ。

担任：そうだよね。
　　　そういえば、この前、薬を飲み忘れた時があったよね。あの時は、イライラして、ケンカしたよね。やっぱり、きちんと薬を飲むと違うよね。

本人：うん。

　自己理解が進まなければ、どんなに良い薬を飲んだり学習環境を整えたりしたとしても、その効果を最大に発揮するには至りません。自己理解がすべてと言っても過言ではないでしょう。

（3）　自己理解を促す場

①自立活動の時間の活用

　行動療法の中でも高度な心理学的指導技法が伴う「認知行動療法モデル」（認知行動療法、ソーシャルスキルトレーニングなど）は、簡単に実施できるものではありませんが、特別支援学校・特別支援学級に在籍している子どもや通級による指導を受けている子どもは、「自立活動」の時間がありますので、指導内容の中に行動調整を入れて指導することができるでしょう。具体的には、特別支援学校学習指導要領の「自立活動」の人間関係の形成の区分にある「(3)自己の理解と行動の調整に関すること」、コミュニケーションの区分にある「(5)状況に応じたコミュニケーションに関すること」などの項目が関連します。

②スクールカウンセラー（SC）の活用

　通常の学級に在籍している子どもは、教育課程の中に「自立活動」の時間がありません。し、校内に「通級指導教室」がない場合、なかなか「認知行動療法モデル」（認知行動療法、ソーシャルスキルトレーニングなど）を受けることができません。

　そこで、スクールカウンセラー（SC）を活用する方法があります。SCの中には、公認心理師や臨床心理士等の資格を取得している場合が多いので、高度な指導技術を持ち備えています。学級での集団指導や学級から取り出しての個別指導を計画化して、子どもの自己理解や他者理解を深めていってほしいものです。学校では、SCを上手に活用する方法を考えてみるとよいでしょう。

※スクールカウンセラーの活用方法は、第13章を参照

③担任が行う子どもの自己理解を促す面談や学級指導

　担任の中には、自ら子どもの自己理解を促す指導をしたいと思っている方もいるのではないでしょうか。自己理解を深めたり促したりするためには、「面談による方法」が効果的です。

　例えば、「見通しが持てずに何度も同じ間違いを繰り返して友達とトラブルになっている子ども」の自己理解を促す個別面談の方法では、担任と子どもとのやり取りの中で『トラブルストーリー』を作成しながら（ホワイトボードに書きながら）、本人の言動を振り返えるようにします。そして、成功した事例を思い出しながら、その時に行うべき言動の『解決ストーリー』を考えさせるようにします。さらに、取るべき言動をパターン化して身に付けるようにします。

　また、例えば、「自分や級友の短所や長所を自己理解したり他者理解できない」ために、自分勝手な言動をしたり友達とうまく関係をつくれない子どもの学級指導では、学級会活動や道徳科の時間などを活用して、長所と短所を学級の子ども全員で確認したり級友からの評価で自分の長所と短所を確認するようにします。子どもたちの中には、自己評価と他者評価がかけ離れている場合があります。長所と短所は、周りの皆が認めてこそ、有効になります。

Column 2
特別支援教育コーディネーターとしての薬の知識と対応

■特別支援教育コーディネーターの役割

　近年、教育と医療の連携が重要であることは言うまでもありません。校内には医療と連携を図っている子どもが年々増加しているのではないでしょうか。では、このような状況下で校内の特別支援教育を推進する要である特別支援教育コーディネーターは、医療との連携においてどのような役割を果たすことが求められるのでしょうか。筆者が長年、特別支援教育コーディネーターの経験をしてきた中から言えることは、以下の3つの役割を果たすことが重要なのではないかと考えます。

　　①医療と連携することの利点を保護者に伝えること
　　②教育側の情報を整理し、医療側に適切に伝えること
　　③薬についてのある程度の知識を有すること

　教育相談を継続して実施していると、今後医療との連携を図った方がより学校での適応が良くなる子どもがいます。このような場合には、保護者に医療との連携が子どもを支援する上での一つの選択肢となることを伝えることがあります。特別支援教育コーディネーターは、教育相談の中で保護者に対して医療と連携することの利点を丁寧に伝えることが求められます。医療と連携することで、子どものどのような側面が現在の支援よりもどのように変化する可能性があるのかを伝え、医療と連携を図ることに不安や心配を抱えている保護者の心理面を支えてあげる必要があります。

　また、実際に医療と連携を図る段階に進んだ時には、学校側からの情報を十分に整理した上で、子どもの学校適応状況を文書にまとめて伝える役割が重要です。文書で伝える時には、子どもの発達特性（気質）だけを伝えるのではなく、学級環境の状況、これまで学級で実施してきた支援等を併せて伝えると、教育と医療のより良い連携が図られることでしょう。

■薬の知識を携帯する

　さらに、保護者との教育相談の中では、しばしば薬に関する話が出ることがあります。特別支援教育コーディネーターは、やはり薬に関する知識をある程度もっていることが必要だと考えます。学会や研修会等を通して薬についての知識を得たり、薬に関する情報を知ることができるアプリケーションをスマートフォンにダウンロードしておき、必要に応じて見ることができるようにしておくこともよいでしょう。そうすることで、薬の効能・効果や副作用等をすぐに確認することができます。

　最後に、教育と医療がより良い連携を図るためには、特別支援教育コーディネーターが果たす役割がたいへん重要です。教育と医療がより良い連携を図るためには、特別支援教育コーディネーターのさらなる専門性の向上が求められます。医療側の情報も特別支援教育コーディネーターの基礎的な知識の一つとして備えていくことが必要不可欠です。学び続ける特別支援教育コーディネーターを目指していきましょう。

（川村　修弘）

第11章

困りごとへの教育的対応

① LD・学習の遅れへの教育的対応 ·····

　第9章で学習の遅れについては、「LDタイプ」「全般的な学習の遅れタイプ」「知的障害タイプ」の3つのタイプがあると述べました。それぞれのタイプに対する教育的対応の仕方は、それぞれ異なります。

（1）　LDタイプ

　LDタイプは、知的能力が遅れていないので、苦手な国語・算数・英語の能力を懸命に改善しようとするのではなく、得意な教科や高めの認知能力を活かすような指導を心掛けます。発達障害の子どもが病院や教育センター等で個別検査（KABC-Ⅱ、WISC-Ⅴなど）を実施していて、そのデータを担任が目を通すことができる場合には、まず最初に「全体的な知的能力」を把握し、次に「得意・不得意（長所・短所）の能力」を見つけ出し、最後に「指導方針が書いている内容（基本的には長所活用型指導）」をよく理解して指導をしてみましょう。

　例えば、読みに困難を示していれば、「句読点まで一息で読む」「読む部分（行）だけが見えるようにスリットで他の行を隠す」「特殊音節を大量に早口で読む」などの指導があります。漢字の書きに困難を示していれば、「偏と旁に分けて書いたり、語呂合わせで書いたりする」「正誤の漢字を区別する」「絵を組み合わせて書いていく」などの指導があります。作文や感想文の書きでは、「1～2行ずつ思い出したことをどんどん書いていき先生と一緒に時間系列（前後）ごとに並べ替える。接続詞・副詞・感動詞などの一覧表を作っておいてその中から選択する」などの指導があります。算数では、「10の補数について『補数カード』を使って素早く言えるようにする」「九九を語呂合わせで覚える」「掛け算や割り算は手順表を使う」などの指導があります。英語のアルファベットは、「大文字と小文字の違いを動物の耳（犬の耳はn、キリンの耳はhなど）で区別する」などの指導があります。さらに具体的な指導方法を知りたり方は、『発達障害・知的障害の教材・教具117』（三浦ら，2017）を参照してください。

（2）　全般的な学習の遅れタイプ

　全般的な学習の遅れタイプは、すべての主要教科で遅れが顕著になります。まずは必要最小限の学習を身に付けるために、ピンポイント学習やキーワード学習で着実に基礎的な学習に取り組むことが重要です。例えば、単元学習が始まる前に、担任がその単元学習の中で最も基本的な内容（キーワード、公式、用語など）を3〜5くらい選定し、それを本人に示して「これだけは覚える」ことを伝えます。そして、適宜小テストを実施し、この選定した内容から問題を出しながら習得しているかを確認します。中学校のように教科ごとに指導者が異なる場合には、担任が事前に教科担当者に、覚えるべき最も基本的な内容を聞き出すことも必要です。

（3）　知的障害タイプ

　知的障害タイプは、多くの教科で2学年以上の遅れがあり、学習内容を理解することが極めて難しいです。したがって、特別支援学級(知的)に在籍を変更するなどして、その子どもに応じた個別指導をすることが必要となります。

　学習が遅れている子どもに共通する対応として重要なポイントは、「学校が楽しい」と感じて毎日休まずに登校できること、個別の合格基準を設定して"できない"から"できそう"へと学習に対する抵抗感を少なくし、モチベーションを高めることが何よりも重要です。テストにおける個別の合格基準では、例えば、他の子どもの合格点が 80 点であっても、本人には「40 点で合格」と伝えます。本人には、40 点以上取れるように励まし、結果的に40 点以上取れれば大いに褒めます。褒められる嬉しさを味わわせます。

❷　ADHD への教育的対応

　ADHD の基本的な対応としては、「薬物療法＋環境調整＋行動調整＋自己理解」などを実施して、特性（多動・衝動性、不注意）に対する困難性を軽減していきます。医学的対応としての薬物療法については、第 1 部【医療編】に記載しました。また、教育的対応としての環境調整・行動調整・自己理解については、第 10 章で具体的に示しました。なお、更に詳細な教育的対応は、『特別支援教育のステップアップ指導方法 100』（三浦ら，2019）にありますので参考にするとよいでしょう。例えば、以下のような困り感に対する指導方法があります。

・問題行動の"ぶり返し"が起こり学級全体に影響している
・座席の配置が悪く、子ども同士が引き合っている
・授業中に勝手に教室から出て行く
・授業中に何度も保健室に行く
・教室以外での学習場所を拒否する
・友達とのケンカが絶えない
・トラブルの原因を友達のせいにする
・自分の非を認めて謝ることができない

　ここでは、特に教育現場の教員から指導方法での質問が多い、ADHDの特性である「不注意があって毎日忘れ物をする」ことへの教育的対応について述べます。

　忘れ物の予防対策としては、「連絡帳に書かせる」「チェックリストで確認する」「家庭に電話連絡する」「予備の物を準備しておく」などが挙げられます。しかし、「連絡帳に書かせる」「チェックリストで確認する」ことをしても、本人は連絡帳に書いたことやチェックの確認さえも忘れてしまうことがあります。このような子どもには、毎日のことなので明確な習慣づけをしたいものです。

　そこで、「連絡袋」と称して、赤など目立つ色の袋を準備します。その袋の中には、連絡帳、宿題プリント、学校・学級からのお便りなどを入れます。「赤い袋の中には、大事なものが入っている」という感覚を身に付けさせます。

❸　ASDへの教育的対応

　ASDの基本的な対応としては、「特性（社会性、コミュニケーション、想像力・推理力・計画力、こだわり、感覚過敏など）に対するスキル獲得＋行動調整＋自己理解＋環境調整＋（薬物療法）」などです。感覚過敏が強すぎたり粗暴が見られたりする場合には、薬物療法が必要な場合があるでしょう。医学的対応としての薬物療法については、第1部【医療編】に記載しました。また、教育的対応としての環境調整・行動調整・自己理解については、第10章で具体的に例示しました。なお、さらに詳細な教育的対応は、『特別支援教育のステップアップ指導方法100』（三浦ら，2019）にありますので参考にするとよいでしょう。

　ここでは、特に教育現場の教員から指導方法に関する質問のうち多く寄せられる、

・自分の世界に入ってしまい話を聞いていない
・切り替えができず固まって動けない
・多弁で常にしゃべっている
・何でも自分が一番になりたがる
・パニックになって更にエスカレートする
・不適切なこだわり行動がある
・意味理解ができず場の雰囲気を読めない
・嫌な体験を思い出してフラッシュバックを起こす
・プライドが高く自分の博識を主張してしまう
・（視覚）光が眩しくて見えにくい
・（聴覚）音の過敏があり集団や集会に入れない
・（味覚）偏食があり給食で食べられるものが少ない
・（嗅覚）においが気になって立ち止まってしまう
・（触覚）他人が使用している物に触れられない
・（温度覚）気温に鈍感で衣服の調節ができない
　　　　　雨・雪や台風などの低気圧に弱い

ASD の特性である「こだわりがあって、切り替えができない」ことへの教育的対応について述べます。

　「切り替え」について、担任が取り組むことができる簡単なトレーニングを紹介します。例えば、図11 − 1のように３種類の課題（①本読み、②タブレット、③プリント）を準備して子どもに提示します。そして、子どもには、次頁のように説明します。

① 本読み　　　② タブレット　　　③ プリント

図11 − 1　切り替えトレーニングの教材例

＜切り替えトレーニングでの声掛けの例＞

担任：コウヤ君、これから、切り替えのトレーニングをします。

本人：はい。分かりました。

担任：このテーブルには、3つの課題があります。1番目は本読み、2番目はタブレット、3番目はプリントです。

　　　先生が「始め」と言ったら、1番目の本読みをします。

　　　そして、1分間経ったら、先生が「終わり」と言いますから、すぐに本読みを止めて次の2番目のタブレットをします。さらに、1分間経ったら先生が「終わり」と言いますから、すぐにタブレットを止めて、今度は3番目のプリント学習をします。また、1分間経ったら先生が「終わり」と言いますから、すぐにプリントを止めて、最初の本読みをします。このように、先生が「終わり」と言ったら、その課題を止めて次の課題をするのですよ。分かりましたか？

本人：はい。

担任：それでは、始めますよ。1番目の本読みからです。

　　　"始め"

本人：（1番目の本読みに取り組む）

＊課題に取り組む時間は、子どもの実態に合わせます。

❹　愛情不足への教育的対応 ....

（1）　愛情不足への対応

　愛情不足とは、きょうだいが生まれると起こりがちな症状です。それを示したのが、図11－2です。例えば、第1子は、第2子が生まれるまでは保護者からの愛情を独占できますが、第2子（赤ちゃん）が生まれると保護者はその赤ちゃんに手がかかってしまうので保護者を独占できなくなります。その途端に第1子は、保護者からの愛情が減ったと感じます。保護者は、きょうだいに対して皆同じように接して愛情もかけていると思っていても、子ども側からすれば愛情が減ってきたと感じます。

　愛情不足への教育的対応は、①一人ずつと親子2人だけの時間を設定する、②一人ずつ特別扱いして母親の愛を伝える、③ルールを決める、ことです（三浦，2019）。

　①一人ずつと2人だけの時間を設定するとは、「親子2人だけの時間を設定する」ことが重要です。特に第1子には必要な時間です。10分でも20分でも構いません。夕飯の買い物に行く、散歩をする、絵本を読む、お風呂に入るなど、第1子と2人だけで過ごす時間を意図的につくることで独占欲を満たします。その際に、決して第2子や第3子を連れて行ってはいけません。第2子や第3子は、父親や祖父母に任せましょう。

　②一人ずつ特別扱いして保護者の愛を伝えるとは、子どもが「ママは誰が一番好き？」と尋ねてきた際に、以下のような言葉がけを、子ども全員に別々に話します。このような言葉がけの他に、内緒で親子2人だけでケーキを食べる、高級なチョコレートを食べるなど、他の子どもには内緒にする「特別扱い」が効果的です。

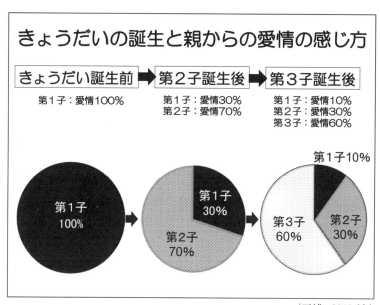

（三浦，2019より）

図11－2　きょうだいの誕生と愛情不足

③ルールを決めるとは、母親の隣で寝る順番、母親の隣で食事をする順番、母親に絵本を読んでもらう順番など、あらかじめ話し合いでルールをつくります。それを、カレンダーに記入したり紙に書いたりして見えるところに貼って実行します。

　第1子には、以下のような言葉がけをしてみましょう。

<第1子に対しての言葉がけ>
母　親：お母さんは、ヒロミちゃんが一番大好きだよ。だって、ヒロミちゃんは一番最初に生まれてきてくれたから、お母さんとは一番長く一緒にいるんだよね。でもね、お母さんがヒロミちゃんのことを一番好きだってことは、弟のノブヒロくんと妹のスミエちゃんには内緒にしてね。なぜかというと、ヒロミちゃんだけかわいがると、ノブヒロくんとスミエちゃんがズルいと言って、怒ってしまうかもしれないからだよ。これは2人だけの秘密だよ♡」
今度、ヒロミちゃんと2人っきりで、買い物に行ったり、おいしいものを食べたり、どこかに連れて行くからね。それまで、おりこうさんにしててね。
ヒロミ：うん、分かった。

❺　ゲーム・ネットのやりすぎへの教育的対応

　子どもがゲームやネットをやりすぎると、「朝起きられない」「昼夜逆転」「遅刻」「欠席」「不登校」「ひきこもり」などの問題が起こって、学校生活や日常生活に支障をきたしてしまいます。

　「やりすぎ」「依存傾向」程度の段階で、教育的対応によって改善が期待できる場合は、保護者の対応が重要です。「依存」にならないようにするためには、「基本的に保護者の管理下に置く」「ゲーム機やスマホ等を買い与える前に使い方のルールを決める」「使う時間を決め、約束に時間には終わる習慣をつける」ことが大切です。第1部【医療編】では、夜中にゲームやインターネットをするとメラトニンが減って眠りにくくなることや、夜中の22時〜2時の間に眠っていないと成長ホルモンが出にくくなり、「脳の修復ができない」「身長が伸びない」「肌が荒れる」などの症状が出てくることが指摘されています。原田は（2020）は、夜ゲームから朝ゲームへと生活リズムを変えることを推奨しています。

　　　“遅寝・遅起き・夜ゲーム”　→　“早寝・早起き・朝ゲーム”

　なお、"早寝・早起き・朝ゲーム"に取り組ませる場合、子どもには、「寝る前にリビングのテーブルの上にゲーム機やスマホ等を置くこと」「朝は早く起きれば、ゲームやスマホ等ができること」「ゲームやスマホ等は、リビングで行うこと」「朝ご飯の時間になったら、登校の準備をすること」などを条件として説明し、約束を守らせることが重要です。

　さらに、ゲーム機やスマホ等を取り上げると子どもが暴れる場合は、保護者面談で以下のように話してみましょう。

担　任：お母さんは、ツヨシ君が家庭で暴れても大丈夫なのですか？

母　親：うーん。

担　任：おそらくこのままゲームを継続すれば、不登校からひきこもりになっていくことも考えられますよ。

母　親：いやーあ。何とかしたいです。

担　任：もし、継続してお母さんが困る場合には、病院に行って相談してはいかがでしょうか？
　　　　今後どうするのが良いか、最後はおうちで決めてくださいね。

母　親：何とか、頑張ってみます。

　不登校の予防と対策の手法については、これまで多くの論文や書物で様々に報告されています。最近も、『生徒指導提要（令和4年12月改訂)』（文部科学省，2022）にその教育的対応が詳細に述べられています。筆者も『発達障害が引き起こす不登校へのケアとサポート』（齋藤ら，2011)、『本人参加型会議で不登校は改善する』（三浦ら，2014)、『特別支援教育のステップアップ指導方法100』（三浦ら，2019）などで紹介しています。次頁で詳しく解説します。

6 不登校・ひきこもりへの教育的対応 ・・

（1） 最近の不登校の特徴

　不登校は、最近急激な増加傾向にあり、小・中学校の『問題行動・不登校調査』（文部科学省, 2022）によると約24万人に達しています。ひきこもりは、平成27年度（15歳〜39歳）で54.1万人と推計（厚生労働省）されています。不登校の要因は、コロナ禍での通学の制限や学校行事などの中止による生活の乱れや交友関係の希薄さなどが取り上げられており、環境的（学校、家庭）、個人的（発達、精神）、社会的（時代背景、価値観）な側面が複雑に絡み合っています。したがって、その改善の手法も難しく多岐にわたっています。表11－1には、不登校・ひきこもりの定義を示しました。

表11－1　不登校（文部科学省, 2002）・ひきこもり（厚生労働省, 2010）の定義

不 登 校	何らかの心理的、情緒的、身体的あるいは社会的な要因・背景により、登校しないあるいはしたくともできない状況にある年間30日以上欠席した者のうち、病気や経済的な理由による者を除いたもの
ひきこもり	様々な要因の結果として社会的参加（就学、就労、家庭外での交遊など）を回避し、原則的には6か月以上にわたって概ね家庭にとどまり続けている状態を指す現象概念（他者と交わらない形での外出をしていてもよい）

　最近、筆者が不登校相談や面談で数多く目の当たりにするのが、悩み・不安・困り感・苦手（学習内容、学習活動、人間関係形成、いじめ、発達障害特性など）をきっかけとして、それが身体症状（頭痛、腹痛、不調など）となって、登校しぶり・遅刻・早退から不登校になっていく場合です。いわゆる原因が「自律神経失調症状」によるものです。

　一方、小学校の中高学年頃から継続して体調不良（片頭痛、貧血で倒れる、頻繁にトイレに行くなど）となって、登校しぶり・遅刻・早退から不登校になっていく場合もあります。病院を受診すると低血圧が原因の『起立性調節症』と診断され服薬が開始されることもあります。

　上記2つの場合の対応は、次項でも詳しく述べていますので参考にしてください。

　ここでは、数多く紹介されている不登校の改善手法の中から、担任や保護者が気づいてほしい、実施してほしい「予防」と「対策」に焦点を当てて述べることにします。

（2）「不登校予防マニュアル」の作成

　筆者は、十数年前の東日本大震災を経験しました。これまで経験したことのない未曾有の災害でした。全国の学校には、学校安全計画や危機管理マニュアルなどが必携で、その中は、『避難（火災、地震、津波など）訓練マニュアル』が明確に作成されており、全教員が確認するとともに子どもたちの実地訓練もしています。このような日頃の訓練や対策があったからこそ、東日本大震災の際に死者・負傷者を最小限に食い止めることができたものと考えます。

　そこで、全国で長年にわたり深刻化している不登校の改善策として、『不登校予防マニュアル』の作成を提案します。実際に教育現場を訪問すると、ほとんど作成されていないようです。教員の中には、「経験が浅く対応したことがない」「いざ対応しても教員同士の意識がバラバラである」「どのような子どもが不登校になりやすいか知らない」「そもそも何をすればよいか分からない」などで初動体制が取られないでいるケースがあります。

　不登校の予防は、"気づき"と"初動体制"が重要です。三浦（2019）は、不登校予防マニュアルとして、①チェックシート、②初動体制、③欠席簿の3点セットを提案しています。表11－2には不登校予防マニュアル（チェックシート）の例を示しました。子ども本人に関することや家庭や保護者に関することをチェックすることで、不登校になりやすいタイプを把握することができます。また、表11－3には不登校予防マニュアル（初動体制）の例を示しました。例えば、「欠席したら必ず家庭に電話連絡して様子を聞く」「欠席が連続3日で家庭訪問する」「欠席10日で生徒指導会議を実施する」など、各教員が共通して具体的な取り組みができます。さらに、表11－4には不登校予防マニュアル（欠席簿）の例を示しました。教員の「年次休暇簿」と同様に、不登校傾向の子どもに『欠席簿』を作成して記載させます。この欠席簿は、不登校にならない計29日まで「残り日数」を確認することができるので"歯止め"になります。活用方法は、登校した日に欠席簿を本人に書かせ、それを家庭に持ち帰らせて保護者にも確認していただきます。ぜひともこれらを作成して全教員で確認し共有たいものです。

表11－2 不登校予防マニュアル（チェックシート）の例

<本人に関すること>
□過去（昨年まで、小学校時）に、不登校（欠席30日以上）であった。
□過去（昨年まで、小学校時）に、欠席が7日以上であった。
□過去（昨年まで、小学校時）に、不登校傾向や学校不適応になっていた。
□過去（昨年まで、小学校時）に、保護者が学校まで送ってきていた。
□保護者が教室で参観していた等の母子分離不安があった。
□発達障害があり、不適応の状態が見られる。
□特に強い内向性自閉気質があり、孤立したり対人関係が上手に築けない。
□体調不良（頭痛、腹痛、だるい等）があり、保健室に駆け込むことが多い。
□友達からのいじめ被害や阻害を受けやすい。
□神経質、まじめ、責任感が強い等の気質をもっている。
□少人数の学校から大人数の学校に進級または転校し、なかなか馴染めない。
□最近、学力が急に下がり、学習に追い付いていけない。
□長期休業後に、身なりの変化が見られる。
□深夜までゲームやインターネットをして、不規則な生活をしている。
□「おはよう」と声掛けした際に、覇気のある返事が返ってこない。

<家庭・保護者に関すること>
□兄弟姉妹が現在または過去に、不登校・不登校傾向になっている。
□保護者が現在または過去に、精神不安定（躁うつ傾向）になっている。
□保護者が小・中学校時代に、不登校・不登校傾向になっている。
□家庭状況が急変（離婚、不仲、経済状況、病気入院など）している。
□保護者が子どもの教育に熱心でない、無頓着である。
□保護者が子どもに対して、指導したり強く言えない。

表11－3 不登校予防マニュアル（初動体制）の例

1日目：電話連絡
2日目：電話連絡
3日目：電話連絡、登校後に本人面談の実施
4日目：電話連絡
5日目：電話連絡、家庭訪問の実施、「欠席簿」の使用
6日目：電話連絡
7日目：教育委員会に報告、保護者面談の実施
8日目：電話連絡
9日目：電話連絡
10日目：生徒指導会議の実施、本人面談の実施
15日目：「本人参加型不登校改善会議」の要請
20日目：「本人参加型不登校改善会議」の実施
29日目：本人面談・保護者面談
30日目：教育委員会に報告

表11－4　不登校予防マニュアル（欠席簿）の例

欠席簿（年間 29 日まで）

＿＿ 年 ＿＿ 組　名前 ＿＿＿＿＿＿＿＿

月　　日	休んだ理由	欠席合計日数	残り日数
5月8日（月）	頭がいたい	1日	28日
5月12日（金）	からだがだるい	2日	27日
5月15日（月）	何となく調子が悪い	3日	26日
5月24日（水）	朝、起きられない	4日	25日
6月8日（木）	頭がいたい	5日	24日
6月12日（月）	朝、起きられない	6日	23日
6月13日（火）	朝、起きられない	7日	22日
6月29日（木）	体がだるい	8日	21日
6月30日（金）	朝、起きられない	9日	20日

第11章　困りごとへの教育的対応

（3）　個別検査受検と病院受診の必要性

　筆者のこれまでの不登校面談では、約7割の子どもが不登校（計30日以上の欠席）になって6か月以上経過しているにもかかわらず、何のアクションも起こさず、自宅で何となく過ごしています（三浦, 2017）。その中には、昼夜逆転している子ども、ゲームやスマホ依存になっている子ども、学習をしてない子どもなど様々です。他方、学校のスクールカウンセラーや病院の公認心理師・臨床心理士に不登校相談をしているケースもありますが、保護者だけが相談をして本人がその場にいないために明確な改善の方法性が示されなかったりする場合もあります。何のアクションも起こさなければ改善の一歩はありません。そこで、知能・発達・認知検査を受検したり病院を受診したりすることをお勧めします。

　不登校を改善するためには、"学習能力"と"適応能力"が重要な条件となります。知的能力の程度を知ることは、再登校する際に「学習の居場所」を決める目安となるのです。例えば、長期間欠席し家庭学習をほとんど行っていない不登校の子どもの場合は、必然的に学習成績が落ちてきます。このような子どもが一気に「教室復帰」する場合には、皆と同じような学習能力（せいぜい1学年程度の遅れまで、IQ = 85 程

度まで）が備わっていないと難しいでしょう。教室復帰が難しい場合には「別室（相談室等）登校」となります。「教室復帰」するということは、学校生活や友達とのやり取りの適応能力も必要ですが、毎時間行われる学習能力の方がより重要視されます。たとえ人間関係の形成が極端に苦手であっても、休み時間に職員室・図書室・保健室などで過ごせばよいことなのです。

（4）　不登校のタイプ別による別室の設置

　不登校を改善する際に、一気に「教室復帰」できそうにない場合には、「別室登校」を考えます。"保健室登校"は勧めません。理由は、保健室には、ケガや病気等で様々な子どもたちが来室するからです。また、養護教諭が子どもに"教科指導する場"でもありません。再登校の子どもの「学習の居場所」として、きちんと学校内に別室を設置すべきです。

　別室では、表11－5に示したように知的能力、発達障害等の強弱、将来の進路などを考えて4パターンに分けて配置します。できれば、部屋を分けたり衝立で仕切ったりするのがよいでしょう。別室では、Aタイプのように「教室復帰」を目指す子どもと、B・C・Dタイプのように「教室復帰」が難しく別室が居場所となる子どもに分かれます。その決定的な要件は、学習能力です。通常の学級では、毎時間、教科等の学習をしますので、それが可能な学習能力が身に付いていないと継続はできないでしょう。Aタイプには、好きな(得意な)教科を時々教室で学習させることも必要です。また、教室に入れなくとも、廊下で学習する方法もあります（図11－3）。B・C・Dのタイプは、例えば、卒業まで別室で過ごしとしても、中学校や高校から「教室復帰」する場合もあります。特に高校は、皆がほぼ同じような知的能力であったり特性（気

表11－5　別室（相談室等）で過ごす子どものタイプ

タイプ	将来の予測、状況	子どもの実態
A	将来的に「学級復帰」を目指す （ほぼ毎日、通常時間での登下校）	・学習能力はそれほど低くない ・発達障害等の特性（気質）が少ない
B	卒業まで別室で過ごす （ほぼ毎日、通常時間での登下校）	・学習能力が低く、学級での学習が難しい ・発達障害等の特性（気質）がやや目立つ ・対人関係の改善があまり期待できない
C	卒業まで別室で過ごす （遅刻、早退、夕方登校）	・学習能力が低く、学級での学習が難しい ・起立性調節障害や発達障害等がある ・その日の体調に左右される ・対人関係の改善が期待できない ・学習が定着していない
D	年に数回または時々、別室に登校 （年に数回、学期に数回の登校）	・強い発達障害や小児うつ等がある ・ひきこもり状態になっている ・家庭学習をほとんどしていない

質）であることが多いので、生活しやすい場となります。Bタイプように、できる限り通常の学級と同じように在学時間を長くしていくことは、我慢する力や継続する力が備わってきますので、高校で不登校が改善され、"中退"にならないケースも見られます。

　最も危惧しているのは、Dタイプのように長期間欠席し家庭学習をほとんど行っていない子どもです。このようなケースでは、「知能・発達・認知検査もしない」「病院受診もしない」「不登校相談も途切れている」「適応指導教室（教育支援センター）に行かない」ということが多くみられます。何らかのアクションがないと前進はありません。【医療編】では、社会的リミット（進路・就職等）として"中学校2年生の夏休みまで"と指摘しています。ぜひとも、アクションを起こしてほしいものです。

　最近、中学校の別室の設置の仕方で、不登校の改善率が高まったケースを図11－3に紹介します。これまで一般的な別室の配置は、学級と同様で講義形式です。しかし、この配置だと遅刻・早退する光景が他の子どもに目立ってしまいます。そこで改良したのが不規則な机の配置です。自分だけの個室感覚で遅刻・早退する光景も目立ちません。参考にしてみてください（図11－4）。

　別室では、学習能力を向上させたり適応能力を身に付けさせたりするために「ソーシャルスキルトレーニング」の練習をすることも必要となります。学習能力や適応能力をある程度身に付けて、「学級復帰」に近づけるようにします。

図11－3　別室から廊下で学習

図11－4　不規則な机配置の別室

（5）　本人が参加する不登校改善会議

　担任は、年間計30日以上の欠席の不登校や長期のひきこもり状況を改善するために、何度か面談を実施してきたことでしょう。しかし、一向に改善しない場合もあります。このような面談での多くは、本人が参加しないで「保護者と担任だけ」で話し合っていることが多くあったのではないでしょうか。保護者と担任等が何度も話し合っても、本人不在の話し合いの内容では、本人が決めたことではないので実行力に

乏しいです。本人が知らない状況で改善内容が決定され、それを押し付けるということになります。不登校を改善するのは、本人自身ですから、面談には、本人が参加するのは当然のことです。

　そこで、“面談”という単なる話し合いの場ではなく、本人を中心に据えて、本人を支援することになる関係者（保護者、学校関係者、教育委員会、別室等の担当者、医療関係者等）が一堂に集まって不登校改善の具体的な方向性を確認して計画書を作成し、実行するといった改善のための“会議”の場を設定することが重要であると考えます。三浦（2014）は、これを『本人参加型不登校改善会議』と称し、このような会議を実施した結果、不登校の状況が86％も改善した事例を紹介しています。事例の中には、中学2年生から4年半もひきこもり状況の子どもが2回の会議で改善して高等学校と大学に入学したケースもあります。

　本人参加型不登校改善会議の内容については、以下に解説します。表11−6には、会議における実施手順の項目と具体的な内容を示しました。

　会議に本人が参加できるようにするためには、“キーパーソン”が必要となります。キーパーソンは、「特別支援教育コーディネーター、管理職、教育委員会指導主事など」がよいでしょう。キーパーソンは、会議の日程調整、学校や家庭との連絡、専門家との連携など第三者として関わります。最終的に本人の参加を説得するのは、保護者です。保護者の中には、本人に会議のことを伝えることもできず、本人に何も知らせずに会議に参加させる場合もあります。また、関係者の中には、「本人は来ないと思うよ」と言う方もいますが、意外にもほとんどが参加するのです。それは、「会議が設定されているから仕方ない」「もしかして不登校が改善するかも？」などの思いもあるかもしれませんが、本心は“現状から脱却したい”という気持ちが強いのではないでしょうか。会議の場所は、学校の他、適応指導教室、公民館などでも可能です（図11−5）。どうしても本人が会議の場所に行くことができない場合には、自宅で実施することもあります（図11−6）。

図11−5　本人参加型不登校改善会議
（適応指導教室内）

図11−6　本人参加型不登校改善会議
（家庭内）

　本人参加型不登校改善会議の中で重要なことは、本人自身が不登校改善について、関係者の意見を参考としながらも、「今後どうしたいのか」を自分で考え、自分で決定していくことです。その場で決まった内容や方法については、改善計画書として作成し、その通りに実行していくことです。表11－6の項目にそって司会者（キーパーソン）が淡々と会議を進めていきます。

　なお、この会議を実施する際の準備物は、「出席簿」「週時程表」「給食献立表」「年間学校行事予定表」「学習成績表」「過去の出席簿」「カレンダー」などです。

表11－6　『本人参加型不登校改善会議』における実施手順の項目と内容

話し合う項目	話し合う内容
Ⅰ　不登校改善会議の目的とルール	○改善会議の目的や意義を説明して、参加者全員で再確認する。 ○改善会議の進め方やルールを説明する。 　・不登校改善計画書の作成と実施 　・会議の時間や個人情報の保護など
Ⅱ　不登校に至る経緯の確認	○不登校（不登校傾向）に至った経緯を説明し、参加者全員で再確認する。
Ⅲ　能力および気質や障害等の自己理解と課題把握 ＊保護者の同意が必要	○これまでの学習成績や個別検査（WISC-Ⅴ、KABC-Ⅱ等）を実施している場合には、結果（IQや認知能力の偏り）を説明する。 ○本人の気質や障害等を認識させる。 　・ASDやADHDの気質、LD傾向などの特徴と障害特性など
Ⅳ　不登校の定義と不利益	○不登校の定義（年間30日以上）を説明する。 　・30日を超していない場合には、あと何日休めるかの確認 ○将来、進学や就職等で不利益が生じることを説明する。 ○保護者に対して、教育を受けさせる義務があることや教育保障をしなければならないことを説明する。
Ⅴ　生活環境の改善と将来の展望	○家庭生活の状況や生活リズムを確認し改善の方向性を示す。 　・起床や就寝の時間、学習時間の確保など ○高校やその後の進学先を確認する。 　・ある程度の学力と「努力・継続・我慢」の忍耐力が必要
Ⅵ　不登校改善の自己決定とスケジュール	○改善していくための具体的な目標、日程、居場所などをカレンダーと年間指導計画の日程を見ながら決定する。
Ⅶ　居場所での学習内容と指導方法	○居場所でどのような重点指導をするのか決定する。 　・教科学習、ソーシャルスキルトレーニング（SST）など
Ⅷ　改善のためのテクニック	○様々なテクニックを紹介する。 　・出席の扱い、偏食指導、家庭訪問、生活リズム改善など
Ⅸ　不登校改善計画書の作成と合意	○「不登校改善計画書（個別の教育支援計画・個別の指導計画）」として作成していくことを説明する。 ○計画書は1週間以内に関係者全員に配付して確認し、合意を確認する。

（三浦, 2014 より）

第11章　困りごとへの教育的対応

（6）　不登校対応での指導テクニック

　不登校・不登校傾向の対応は、その状態も様々なので指導方法も異なります。そこで、指導テクニックを確認して実際に活用してみることが重要です。三浦（2014）は、『本人参加型会議で不登校は改善する！』の中で、不登校改善のテクニック28事例を紹介していますので活用してみるのもよいでしょう。ここでは、28の項目の概要を示します（表11－7）。

表11－7　不登校改善の指導テクニック28事例の概要　　（三浦, 2014 より）

	指導テクニック項目	概　　要
1	自己理解の促し方	■自分自身の気質を理解していく。 ・他の児童生徒と決定的に違うところを教える。
2	自己決定のさせ方	■本人自身が決定し、実行していく。 ・保護者や担任の意見に従ったりせず、自分で決める。 ・「YES」「No」の二者択一で決めていく。
3	保護者が教育保証	■長期欠席での教科学習は重要である。 ・担任を派遣したり、家庭担任を付けることも必要である。
4	昼夜逆転の生活リズムからの転換	■通常起床の1時間前に家族が起こす。 ・朝起きてから学校に行くまでの準備時間を1時間以上長くする。 ・家族が無理やり、本人を起こす。
5	体調不良は、医師が判断	■体調不良を訴えた場合には、病院に行って医師の判断で出欠を決める。 ・医師から「欠席しなさい」と言われても、帰りに学校に立ち寄る。 ・病院には、学用品を持参する。
6	不登校の定義説明と29日分散型欠席	■不登校として認定されるのは、年間30日と教える。 ・担任は、何日欠席しているかを随時伝える。 ・年間で月ごとに休む日数を前もって決めておく。
7	不登校脱却への一言	■特に、初対面での一言を吟味する。 ・「不登校は改善します！」といった熱意と信頼性のある言葉をかける。
8	家庭でのスケジュール作成	■一日の生活のスケジュールを決めて行動する。 ・教科学習、運動、手伝いなどをバランス良く設定する。
9	家庭訪問の目的の明確化	■目的を明確にし、2つ以上もって家庭訪問する。 ・第1目的（本人と○○の話しをする） ・第2目的（母親から本人の好き嫌いを聞き出す）
10	家庭訪問の時間設定	■決まった曜日、決まった時間で実施する。 ・「毎週、火曜日と金曜日の18時」など、本人・親と確認する。
11	家庭訪問の持参物	■本人が興味・関心のあるものを持参する。 ・アイドルが好きな場合には、ブロマイド写真やグッズなどを持参する。 ・本人に渡せなくとも、親に渡す。（後で、親が本人に渡す）
12	保護者との会話の内容	■保護者や家族と楽しく会話する。 ・話す内容は、世間話など何でもよい。 ・本人に聞こえるように、大きな声で、笑いも入れて会話する。
13	定期試験・実力テストの実施	■中間・期末試験を家庭で行う。 ・学校でできない場合には、家庭で実施する。 ・家庭での試験は担任が学校と同じ条件で行う。保護者も試験監督が可能 ・保護者も試験監督が可能である。

14	家庭訪問の継続方法	■本人の部屋にわざと忘れ物をする。 ・家庭訪問後に電話連絡する。 ・次回の家庭訪問時に受け取るまで保管してもらう。
15	長期欠席者の出欠確認	■欠席を自己決定させる。 ・月末の家庭訪問で、「来月1か月間欠席する」ことを本人に自己決定させる。 ・校長先生が欠席を許可して、本人が休めるということを教える。
16	担任対応不能時の対処方法	■自学自習させ、必ず感想を書く。 ・テレビやビデオを見せたり、本を読ませるなどする。 ・見たり読んだ後は、必ず、A4用紙1枚に題目と感想を書く。
17	在校時間を前日よりも延ばす	■登校したら、すぐに帰る時間を聞き出す。 ・「何時に帰るの?」と本人が言う前に聞き出す。 ・登校してくる時間は、特に関係ない。(何時登校でもかまわない) ・前日よりも1分以上、学校にいる時間を長くし、忍耐力を高める。
18	学校復帰に向けた授業の工夫	■特定の教科を「特別教室」で行い、その教室に学級の生徒が入っていく。 ・苦手な(不得意な)教科で行う。 ・別室(本人)→ 特別教室へ (本人が移動して授業)←後からクラス集団が特別教室へ移動
19	別室でのスケジュールの作成	■別室(相談室等)での過ごし方を自分で計画して記述する。 ・スケジュール表に1日の計画を自分で決定して記入する。 ・スケジュール表に沿って行動し、評価する。
20	学級復帰するための支援内容の確認	■学級復帰がスムーズにできるように支援内容を確認し共通理解する。 ・本人と支援内容を話し合って決める。 ・受け入れる学級の児童生徒も支援内容を確認する。
21	別室で級友と一緒に給食を食べる	■本人の好きなメニューの時に誘う。 ・本人の好きなメニュー、本人の仲の良い友達であること。 ・「好き嫌い調査」を活用する。
22	給食を残さず食べきる	■食べきって終了することにする。 ・嫌いな食べ物は、食べきれる分のみを自分で盛り付けをする。 ・食べきって終了という満足感を与える。
23	別室の最終日に学習用具を片付ける	■学級復帰後は別室に戻れないように、学習用具を片付ける。 ・学級で不適応を起こしても逃げ場がないことを教える。
24	不登校終了証の授与	■不登校が改善したら、「不登校終了証」を発行する。 ・改善に関わった関係者が参加し、校長が終了証を手渡す。 ・その様子は、デジカメ等で撮影し、プリントアウトして手渡す。
25	休み時間の過ごし方	■休み時間の居場所を確保する。 ・保健室や別室などに行って先生と雑談する。 ・担任が輪番で対応する。
26	定期観察と定期面談の実施	■定期的な観察と面談の実施 ・毎朝、挨拶の返事による観察をする。 ・週1〜2回程度の面談で、学習活動、対人関係、家庭生活、部活動などの状況を把握する。
27	教室帰当日の保健室封鎖	■学級復帰当日は保健室に行けない。 ・不適応起こしても逃げ場がないことを教える。
28	「不登校予防・対応マニュアル」の作成	■不登校予防・対応のマニュアルを作成して統一した対応をする。 ・担任や担当者が代わっても同一歩調で対応できる。

❼ 思春期による体調不良への教育的対応 ·······················

（1） 体調不良の原因を見極める

　体調不良を訴える子どもは、「頭が痛い」「お腹が痛い」「何となくだるい」などと言って保健室を利用することが多くなります。初期の段階において担任や養護教諭は、その症状が生理痛や単発的な症状など一過性のものなのか、小学校の中・高学年から継続して片頭痛や腹痛を訴えていて表情が悪く、トイレに行く回数も多くみられたりする慢性症状なのか、低学年では何ともなかったのに中・高学年から急に体調を崩しているのか、などを調べることが必要です。

　その上で、今後、遅刻や早退で登校しぶりが継続したり、不登校にならないためにも、【医療編】で述べているように、体調不良が"何らかの不適応や頑張りすぎによる疲弊が原因による自律神経失調症状"なのか、低血圧による"起立性調節性障害"なのか、それとも両方によるものかの見極めが大切になります。両者は、思春期の同時期に同じような症状が現れるので気をつけてみていきたいところです。

（2） 不適応による自律神経失調症状

　思春期の不安・悩み・苦手さは、身体症状に現れて体調を崩す（頭痛、腹痛、だるさなど）ことにもなります。不安・悩み・苦手さは、例えば、教科学習（国語・算数数学・英語の低学力、音楽や体育等の技能教科の不得意など）、学習活動（学校行事、部活動、生徒会、宿泊等での対人関係不和や役割負担など）、いじめ被害感、発達障害特性（ADHD気質、ASD気質）、家庭状況（ひとり親家庭、ヤングケアラー、貧困など）が考えられます。学習の困難さや対人関係の不和は、発達障害（LD、ADHD、ASD）と関連性が少なくありません。発達障害の特性（気質）が小学校の低・中学年で改善されない場合は、高学年にその不適応状況を引きずっていきますので身体症状に現れることにもなります。

　このようなタイプの子どもは、具体的には、「神経質」「感覚過敏」「まじめでやり遂げる」「過度な習いごとやスポーツの負担」「学級委員長や部活動の部長などに責任を強く感じる」「家庭的な不安を感じる」などが挙げられます。また、「偏食があり給食が食べられない」「体育（水泳・長距離走・ボール運動・器械体操など）で不得意な授業がある」「生徒会長に立候補したが落選した」「宿泊学習（修学旅行）で嫌いな級友と一緒のグループになりたくない」「自分が気にしている点（容姿、性格、学習、言語、家庭など）を言われた」など、ほんの些細なことをきっかけとして体調不良を起こし、"自律神経失調症状"で不登校になることも少なくありません。

（3）　医師の指示をどう受け止めるか

　体調不良が継続した場合、本人・保護者が積極的に病院受診し、『片頭痛』や『起立性調節障害（起立性調節症)』と診断され、服薬を勧められることがあります。さらに、本人・保護者からは、お医者さんから「薬を飲んで様子を見ましょう」「エネルギーが溜まるまで学校を休んでください」などと言われることもあります。このような時の担任の教育的対応は、基本的に医師の指示に従うことになります。担任としては、時々家庭に電話したり家庭訪問をするなどして、ただただ回復を祈るのみです。

　そして、数か月経過しても一向に回復に兆しがなく欠席日数が増えていきます。一般的な不登校欠席と異なる点は、『起立性調節障害』という診断名での欠席が校長の判断で「病欠扱い」となり、"不登校欠席にカウントされない"ということです。不登校が長引くにつれて担任は、「もしかすると、起立性調節障害ではなく、不適応による自立神経失調症状ではないのか？」と疑いたくなります。担任としては一日も早くアクション（積極的なアプローチ）を起こしたいという思いでしょう。

　そこで、学校・担任の決断としては、「今後、どのような対応をすべきか」という方向性を示していくことが重要となります。本人の主治医と会って状況を再度確認することも必要でしょう。もし、改善が見られない場合には、病院（主治医）を変更すること（セカンド・オピニオン）も検討していきます。

（4）　自律神経失調症状で起こる不登校への教育的対応

　自律神経失調症状で起こる不登校の教育的対応では、まず、本人と面談を実施して、「学級のこと、友達関係のこと、学習活動のこと、部活動のこと、自分の身体上のこと、SNSなどネット関係のこと、将来の夢や希望のこと、家庭生活のこと」などを話題にして、不安・悩み・苦手を聞き出すことが解決の糸口となります。具体的な面談の仕方は、後述します。

　また、自律神経失調症状の初期対応としては、毎朝、担任が本人に対して「おはよう」と声をかけて見極める方法があります。挨拶の際に、本人からどのようなリアクションで「おはようございます」と返答してくるかで判断します。声のトーン、顔色、目線などがチェックポイントです。毎朝声掛けすれば、その日の変化に気づくはずです。その変化に気づいたら早めに本人と面談して、体調の変化や悩み・不安・苦手さがあるのか否かを聞き出し、改善に努めましょう。

第11章　困りごとへの教育的対応

（5）　自律神経失調症状の子どもへの面談

　子どもが悩み・不安・苦手さによる頭痛や腹痛、だるさで自律神経失調症状がみられる場合には、面談により改善を図っていきます。この面談のポイントは、以下の通りです。

```
①思春期に起こる体調の変化
②気質の自己理解
③悩み・不安・苦手さの状況
④自立神経失調症状の理解
⑤不適応を解決
⑥体調不良を改善して登校
⑦悪化したら早めに病院受診
```

①思春期に起こる体調の変化

担任：スミエさん。最近、「お腹が痛い、頭が痛い」と言って、保健室によく行ったり、遅刻や早退が多くなったりしていますが、体の調子はどうですか？

生徒：まあまあ……かなぁ。　でも何となく、イマイチかも。

担任：スミエさんは、中学１年生で思春期だから、第二次性徴と言って、大人の体になるために、女性らしい体つきになったり、生理が始まったり、生まれつきもっている特性や気質なども強くなったりします。また、小学校と違って、勉強が難しくなったり、友達も様々な人がいて付き合いづらいし、部活で疲れることもあるので、心と体がアンバランスになることが多くなります。そのため、体調の変化も大きくなって、頭痛や腹痛、めまい、だるさ、疲れなどの症状も出てきているのではないですか？

生徒：そうかもしれません。

②気質の自己理解

担任：このような心と体がアンバランスになって、体調不良を起こす生徒の中には、神経質で気にするタイプ、感覚過敏をもっているタイプ、まじめで最後までやり遂げないと気が済まない責任感のあるタイプ、習いごとや部活などを負担に感じているタイプ、そのほか、家庭的な不安を感じるタイプなどが多いようです。スミエさんは、どのようなタイプだと思いますか？

生徒：うーん。意外とまじめなタイプかも。友達のことを気にするタイプかなあ。

担任：そうなんだね。

③悩み・不安・苦手さの状況

担任：ところで、スミエさん。中学校に入ってから、何か悩みごとや不安なこと、苦手なことなどはないかなあ。何でもいいよ、あれば先生に教えて。

生徒：うーん。何もないかなあ。

担任：何もないの？　例えばさあ、勉強とかないの。あ、そういえば、スミエさんは、頭が良い方だもんね。友達とはうまくいっている？　部活は楽しい？

生徒：うーん。小学校から仲の良い友達とクラスが別になって、今のクラスでは、あまり友達がいないかも。なかなか、自分から友達が作れないなのが悩みかなあ。

担任：そっかあ。うちのクラスは、結構、男子が活発的だから、女子はみんな静かだよね。女子は、内向的な性格が多いよね。さっきスミエさんは、「自分はまじめで気にするタイプ」と言ったので、なかなかみんなの前でふざけたり積極的になれないよね。

生徒：はい。

担任：部活は吹奏楽部に入っているようだけど、先輩や同級生はとはどうなの？　友達づき合いはうまくできている？

生徒：同じパートの先輩が結構、リズムを指摘してくるので、なんか部活に行きづらいです。

担任：家では、友達とラインでやり取りしているの？

生徒：はい、やっています。

担任：今まで、なんかもめごとはなかったの？

生徒：この前、「チアキちゃん、かわいくない」とメールしたら、"かわいい"という意味を"かわいくない"と誤解されて、なんか気まずい雰囲気になりました。

担任：そんなことがあったのね。教えてくれて、ありがとう。

④自律神経失調症状の理解

担任：スミエさんは、中学校に入って、クラスの友達や部活の先輩、メールの友達のことで、いろいろと悩んでいたんだね。つらくなかった？

生徒：うーん。

担任：実は、思春期によく起こることなんだけど、学校や家庭のことなどを悩んだり、不安になったり、苦手なことがあると、それが体の中に伝わって、頭痛や腹痛、だるさなどが起こって体調不良を起こします。さっき言った、心と体のアンバランス状態です。ですからスミエさんは、最近、保健室に頻繁に行ったり、遅刻や早退が増えているのですよ。

生徒：そうですかあ。

⑤不適応の解決

担任：今起きている不適応の状態を早く改善しないと、ズルズルと長引いて、スミエさん自身がつらいよね。

生徒：はい。

担任：それには、スミエさんが抱えている悩みや心配ごと、不安なこと、苦手さを、できる限り先生やお家の人に話して改善しないといけないよね。もちろん、学校では、スミエさんの手助けをしてあげますからね。今日の面談もその一つです。

生徒：ありがとうございます。

担任：今日スミエさんが話してくれた、部活の先輩については、顧問の先生に聞いてみるね。また、クラスの友達については、今後の「道徳」や「学級会」の時に、先生の方から仲間づくりについて提案するね。ラインのやり取りについては、文章の表現を気を付けなければならないから、国語の先生に連絡してスミエさんの個別指導ができるようにします。これでいいかなあ。

生徒：はい。良かったです。

⑥体調不良を改善して登校

担任：スミエさん、世の中の中学生に完璧な人はいません。誰でも、悩みや心配ごと、不安なこと、苦手さなどを抱えています。悩みや心配ごと、不安なこと、苦手さがあれば、それを先生や親に話して、自己理解してすっきりとしていくことです。頭痛や腹痛も治りますよ。そうすれば、保健室に行く回数や遅刻・早退もなくなり、規則正しい学校生活が遅れますよ。頑張りましょうね。

生徒：はい。

⑦悪化したら早めに病院受診

担任：最後に、もう一つだけ話しますね。

生徒：何ですか。

担任：面談を何度か実施しても不適応が改善されない場合は、また別の疾患かもしれませんので、病院に行って診てもらった方がよいと思います。

生徒：分かりました。

担任：長い時間、面談、お疲れさまでした。これでおしまいにします。

生徒：ありがとうございました。

Column 3
養護教諭としての薬の知識と対応

■保健室から見える子どもたち

　養護教諭が常駐する日々の保健室は、様々な子どもたちが来室しにぎわいます。しかし、それは単に楽しいにぎわいばかりとは限らず、むしろ、子どもの背景にある複雑な問題で苦しい思いをしている子どもの来室が多いです。特に、特別支援教育の対象となる子どもは、学校生活で苦戦していることが多く、養護教諭は多様な面から特別支援教育に関わっている存在と言えます。筆者は、養護教諭として20年以上、保健室に来室する特別な支援を要する子どもたちと関わってきました。そして、保護者が、わが子の発達障害や精神疾患に関する服薬に抵抗感を示し、服薬を拒否したり中止したりする事例に何度も遭遇してきました。しかし、筆者は「薬の力」を借りるということが本人にとって大きなメリットになることを経験から学んでいますので、保護者と丁寧に面談を重ねながら医療機関の受診を勧めています。

■Aの事例

　Aは、医療機関が未受診、服薬なしの中学2年生でした。Aはケアレスミスや忘れ物が多く、授業中は注意の維持が困難で興味のない内容になると寝てしまうという学校生活を送っていました。しかし、Aの保護者は、受診や服薬に関して強い抵抗感がありました。そこで、学校側は、Aの特性を理解し、授業中に寝ているAを叱責したりしませんでした。また、宿題の提出がなくても叱責せず、個別指導を行うなど保護者と連携を図りながら支援をしてきました。しかし、授業中に寝ているのですから、テストは、0点か一桁の点数しか取ることしかできなくなりました。そして、いよいよ、母親もAも高校進学や進学後の学校生活を心配し始めたのです。そこで、養護教諭が担任や特別支援コーディネーターと協力し、改めて保護者に医療機関の受診を勧めました。その結果、ようやくAは医療機関の受診に至り、「ADHD」と診断され、服薬が始まりました。

　受診後のAは、授業中に寝ることがなくなり、そして、驚異的に成績が伸びました。もともと頭の良かったAは、授業に集中できるようになったことで学習内容が理解できるようになりました。Aは、服薬によって集中力と学力の向上とともに自信を得ることができ、そして、夢を叶えるために進学校に合格しました。学校はAの特性を理解し、できる限りの支援を保護者と一緒に行っていました。しかし、「薬の力」を借りなければ、Aの自信に満ち溢れた明るい笑顔は、学校生活の中では見られなかったことでしょう。

■教育と医療は両輪をなす

　Aに対する支援は、周囲の理解と環境調整だけでは限界があり、医療機関との連携が必要でした。この事例から、目的は同じであっても、教育の力でできることと医療の力でできることは違う、ということをあらためて学ぶことができました。

　養護教諭は、大学の養成課程で、薬理学、病理学、生理学、解剖学など医学に関することを必修で学んできています。そして、特別支援教育に関わることが多い養護教諭は、その専門性を活かし、子どもたちの薬について十分に理解し、子どもや担任、保護者へ保健指導することが求められています。そう考えると、養護教諭は、更なる薬の知識と指導法を学び続けることが必要不可欠です。

（星川　裕美）

第12章

在籍変更や進路への対応

① 在籍変更の基準

通常の学級に在籍している子どもが問題行動や不適応状況が継続し学級全体に悪影響を及ぼしており、更に病院受診や服薬を拒否している極めて指導困難な場合、学校側や担任は「特別支援学級に在籍変更してほしい」と思うこともあるのではないでしょうか。

しかし、極めて指導困難な子どもがいるからといって、すぐに「在籍変更（自閉症・情緒障害学級など）」と単純に結論付けてしまうことには異を唱えます。なぜかというと、学校側や担任は"最大の努力"、つまり「保護者の面談を実施して、病院受診

表12－1　特別支援学級の対象者である障害の程度

障害の種類	障害の程度
知的障害	知的発達の遅滞があり、他人との意思疎通に軽度の困難があり日常生活を営むのに一部援助が必要で、社会生活への適応が困難である程度のもの
肢体不自由	補装具によっても歩行や筆記等日常生活における基本的な動作に軽度の困難がある程度のもの
病弱・身体虚弱	一　慢性の呼吸器疾患その他疾患の状態が持続的又は間欠的に医療又は生活の管理を必要とする程度のもの 二　身体虚弱の状態が持続的に生活の管理を必要とする程度のもの
弱視	拡大鏡等の使用によっても通常の文字、図形等の視覚による認識が困難な程度のもの
難聴	補聴器等の使用によっても通常の話声を解することが困難な程度のもの
言語障害	口蓋裂、構音障害のまひ等器質的又は機能的な構音障害のある者、吃音等話し言葉におけるリズムの障害のある者、話す、聞く等言語機能の基礎的事項に発達の遅れがある者、その他これに準じる者（これらの障害が主として他の障害に起因するものでない者に限る。）で、その程度が著しいもの
自閉症・情緒障害	一　自閉症又はそれに類するもので、他人との意思疎通及び対人関係の形成が困難である程度のもの 二　主として心理的な要因による選択性かん黙があるもので、社会生活への適応が困難である程度のもの

（文部科学省「教育支援資料」, 2013より）

についての理解が得られるような理論的な説得をしたのか？」、あるいは「教室など
の教育環境の調整や子ども本人の問題行動に対する調整をしたのか？」が問われるか
らです。例えば、仮に子ども本人が、服薬をして効果があって学校生活が安定しさえ
すれば、在籍変更にはなりません。このように、「薬の効果」によって劇的に安定す
ることがある事例を保護者に伝えることも重要となります。保護者面談の仕方も問わ
れます。

　そもそも、自閉症・情緒障害学級などに在籍変更するにしても、基本要件とし
て「ASD」や「選択性場面緘黙」などの診断名がないと在籍基準に満たしませんし、
「ADHD」だけの診断では該当になりません。表12－1には、特別支援学級の就学
基準を示しました。

❷ 小学校入学時の在籍判断への説明

　就学時（年長児）において、発達障害（ADHDやASD）の診断があり園生活で不
適応になっていたり知的発達の遅れがある場合には、小学校入学の際に「通常の学級
か？特別支援学級か？」で、保護者が在籍の選択に迷う場合があります。もちろん、
教育委員会（就学支援委員会）では、どちらかの在籍に判断（提案）をしますが、最
終的には保護者の選択（決定）に委ねられます。この際に、保護者に対しての在籍選
択の説明がとても重要となります。

　保護者の面談では、通常の学級と特別支援学級の両方について、以下の4つの点に
ついて説明するとよいでしょう。

> ①将来を見据えた方向性を示す
> ②これまでの多くの事例を紹介する
> ③メリットとデメリットを具体的に説明する
> ④学校の指導体制の現状を説明する

　このような在籍選択の面談では、将来を見据えての方向性とメリットとデメリット
を説明します。表12－2には、小学校入学後における在籍（通常の学級または特別
支援学級）の将来像を示しました。この表を参考にしながら具体的にシミュレーショ
ンして説明することが保護者の理解や適切な選択につながります。

　知的発達の遅れがある子どもが「通常の学級」を選択した場合は、必然的に国語や
算数で学習の遅れが目立ちはじめるので、学習に追い付くのが難しくなります。1年
生終了時点において第9章で示した小学校1年生修了時点における学習達成の目安
（最低ライン）（1学年程度の遅れ）をクリアできなければ「全般的な学習の遅れタイ

表12-2　小学校入学後における在籍の将来像

在籍希望	小1年	小2年	小3年	小4年	小5年	小6年	中1年	高1年
知的障害や ADHD・ASD で不適応の子どもが通常の学級を選択	通常	通常	通常 ➡	特支	特支	特支 ➡	特支 ➡	支援学校
	・LD や低学力の場合は、学習の遅れが目立ち、学習に追い付くのが厳しい。 ・ADHD や ASD は、薬物治療や環境調整をしても安定しない場合は、困難性が増えていく。 ・小3年以降には、学習の遅れや不適応が顕著になり、特別支援学級に在籍変更する可能性が高くなる。 ・高校は、知的発達の遅れが顕著な場合は特別支援学校の可能性もでてくる。また、不適応が顕著な場合は定時制や通信制の高校の可能性もでてくる。							
ADHD・ASD で不適応の子どもが特別支援学級（自・情）を選択	特支	特支	特支 ➡	通常	通常	通常 ➡	通常 ➡	普通高校
	・個に応じた指導をして、学力の向上と精神安定を図る。 ・精神不安定の場合は、薬物治療を適用する。 ・学力が向上して精神安定が継続すれば、小4年以降は通常の学級に在籍変更する可能性が高くなる。 ・中学校以降も通常の学級の在籍となる。 ・高校は、普通高校に進学する。							

プ」となります。その後、３年生頃には学習の遅れがさらに顕著になり、２学年程度以上の遅れになると特別支援学級（知的）の対象として在籍変更を勧められることになるでしょう。一度、特別支援学級（知的）に在籍変更すると、その後も継続しますので高校の選択場面で「普通高校」への進学は厳しくなり、「特別支援学校高等部」への将来像も見えます。小学校入学後から、本人・保護者が相当な覚悟をもって学習に取り組む必要があります。

　園生活で不適応になっている ADHD や ASD の子どもが小学校入学時に「通常の学級」を選択した場合は、図９－２に示したように４年生１学期頃までに対応しないと不適応の状態が続く可能性が高くなり、特別支援学級（自閉症・情緒）の対象として在籍変更を勧められることになるでしょう。その後も不適応の状態が継続し、高等学校の選択において「普通高校」の進学が難しくなり、定時制や通信制の高校への将来像も見えます。「普通高校」への進学を視野に入れるのであれば、小学校入学後から精神的安定を図るとともに、必要であれば薬物治療を継続したり、対人関係スキルの獲得のためのトレーニング等も必要不可欠となるでしょう。

　一方、小学校入学時に特別支援学級（自閉症・情緒）を選択した場合には、個別指導で学習能力を維持したり、自立活動の取り組みなどで精神的な安定を図ったりすることで、小学校３年生以降は、「通常の学級」に在籍変更できる可能性がでてきます。多動・衝動性があったり感覚過敏が強かったりする場合には、薬物治療で安定させたいものです。中学校卒業後は、「普通高校」進学の将来像も見えます。

❸　中学校での部活動の選択方法

　中学校に入学すると、部活動があります。地域によっては、強制的に全員が何らか
の部に所属しなければならない中学校もあります。子どもたちは、小学校卒業間近に
なると部活動の選択を悩みます。

　中学校に入学し、自分が希望する部活動に入部したけれど、先輩や同級生の人間関
係で悩んだり、活動内容に付いていけずに退部する子どもも少なくありません。また、
一生懸命練習してもなかなか成果が上がらないこともあります。子どもによっては、
自分の特性（気質）と部活動の内容が合わない場合もあります。表12－3には、発
達障害特性（気質）と部活動の関係を示しました。必ずしも全部が一致しているわけ
ではありませんが、著者が少なからず出会ってきた子どもたちです。選択する際の参
考にしてみてください。

　例えば、「野球」は1球ごとに止まって緻密なサインが送られるので基本的に
ADHDよりもASD気質の方が向いていると思いますが、ADHD気質でも"一発勝
負の打者"や"強引に投げるピッチャー"も向いています。ただし、一度打たれると
冷静になれないので次から次へと打たれ（興奮）、サインの見逃し（不注意）、大事な
場面でのエラー（多動性）、牽制でさされる（衝動性）かもしれません。また、「卓球」
は、俊敏性や瞬発力が必要なのでADHD気質の方が向いているかもしれませんが、"温

表12－3　発達障害特性（気質）に似合った部活動の例

気　質	基本的な言動、内容	お勧めの部活動
ASD 気質	・スタートとゴールが明確 ・緻密なサインがある ・自分のポジションが明確 ・1回ごとに静止、集中	野球、サッカー（DF） バレーボール（セッター、リベロ） 陸上（長距離）、水泳、スキー 卓球（温泉卓球レベル） バドミントン（羽根つきレベル） 弓道、アーチェリー 剣道・柔道・相撲・ダンス（型がある） 吹奏楽、美術、書道、マンガ、総合文化 撮り鉄
ADHD気質	・常に動いている ・緻密なサインがない ・ポジションが移動 ・好き勝手に動く ・爆発的な行動力	バスケットボール、サッカー（FW、MF） バレーボール（スパイカー、ブロッカー） 陸上（短距離） 卓球、バドミントン、テニス 剣道、相撲、柔道、ダンス
LD傾向	・思いのまま、自由な発想 ・評価の観点よく分からない	美術、書道、マンガ、総合文化
併存気質	・自己陶酔　・目立ちたがり	放送、芸能、歌手、お笑い、漫才、生徒会

泉卓球レベル”はASD気質の方がこれまでの経験があるので向いています。サッカーにしてもバレーボールにしても、ポジションごとに必要な能力があるので、それに合う特性（気質）を見つけ出して入部することも考えられます。

④ 中学校生活と高校の選択

　学校生活の中で最も生きづらい時代は、中学校ではないでしょうか？　学力の差、家庭生活レベルの差、特性（気質）の強さ、第二次性徴の出現、友達とのつき合い方などが複雑に絡み合って、上手に乗り越えられない子どもがいます。そのため、体調不良、いじめ被害、不登校（傾向）、部活動をやめる、孤立化など様々な様相を示すことがあります。特に、発達障害傾向、内向的な性格、まじめで神経質などのタイプの子どもが影響を受けやすくなります。さらに、不登校になると自分が希望している高等学校に入れなくなることもあり、進学先を大きく変更しなければならない状況に直面することになるかもしれません。

　このような子どもには、「個人面談」をお勧めします。内向的で孤立になりがちな生徒は、友達をつくりたいと思い悩みます。しかし、もともと「自閉的な気質」も持ち合わせていることがある生徒ですから、コミュニケーションスキルも少なく、そう簡単に友達はできないでしょう。そこで、中学校の時代は、『友達は「できない、いらない、つくらない」』という考えで、割り切って中学校生活を送ることも一つです。

　そして、重要なことは、高校進学の選択です。高校は、成績も大切ですが本人の特性（気質）を優先して選択するようにします。その高校には、本人と同じような特性（気質）、学力、家庭環境の生徒が多く在学しているので、自然に友達ができるようになるはずです。さらに、大学では、同じような職業を目指す学生が入学するので高校よりも多くの友達ができるようになるでしょう。

⑤ 障害者手帳の活用と誤解

　保護者の中には、担任から子どもの障害者手帳（療育または愛護・身体障害者・精神障害者）の取得を勧められると拒否する場合があります。障害者手帳を取得するか否かは、本人・保護者の意思ですが、担任はそのメリットを十分に説明しているでしょうか。

　保護者が誤解していることの一つに、「手帳を取得すると、普通高校に入れない（受験できない）」ということがあります。どこで、このような誤った解釈が生じているのでしょうか？　そのようなことは全くありません。その証拠に、筆者が勤務する大学には数名の取得者がいます。また、パラリンピックの選手は、手帳を取得しながら

高等学校や大学を卒業しています。むしろ、障害者手帳を取得することで、高等特別支援学校も普通高校も受験ができ、選択の幅が広がります。

　障害者手帳は、子どもの生活と将来の進路を守ってくれるものです。例えば、JRやバスに乗車する際は運賃が半額になる、スマートフォンの基本使用料が半額になる、就職する際には「障害者枠」で雇用されるなど、とてもメリットがあります。近年のコロナ禍にあっても、障害者雇用は伸びているのです。表12－4には、障害者手帳提示による割引・免除等を示しました。

表12－4　障害者手帳の提示による割引・免除等

	対　象	割引額	確　認
JR	・療育手帳A所持者、第1種身体障害者（介護者割引あり） ・療育手帳「B」所持者、第2種身体障害者（介護者割引なし） ・12歳未満の療育手帳B、第2種身体障害者	・すべて5割引　ただし定期券、回数券、急行券は介護者と一緒の場合のみ ・普通乗車券5割引 ・定期券介護者5割引	・窓口で割引き乗車券購入 ・手帳提示
バス	・療育手帳A・B所持者と介護人 ・第1・2種身体障害者手帳所持者と介護人	・普通運賃5割引 ・定期運賃3割引 ・介護割引なし	・乗車券を購入する際に手帳を提示
タクシー	・療育手帳所持者、身体障害者手帳所持者	・1割引	・支払いの際に手帳を提示
有料道路	・身体障害者が自分で運転する場合 ・介護者が第1種身体障害者または療育手帳A所持者を乗せて運転する場合	・5割引	・福祉担当課 ・ETC利用登録
NHK 受信料	・身体障害者のいる低所得者世帯 ・重度知的障害者のいる世帯でその構成員のすべてが市町村非課税 ・世帯主が視覚・聴覚障害または1～2級の肢体不自由で身体障害者手帳所持者	・全額免除 ・半額免除	・市福祉事務所または町村役場で証明を受け、NHKに
電話 NTT　au ソフトバンク	・療育手帳所持者 ・身体障害者手帳所持者 ・精神障害者健康福祉手帳所持者	・携帯電話の基本使用料が5割引	・各会社ショップ
駐車禁止 指定除外	・療育手帳A所持者 ・身体障害者手帳（等級で制限有） ・精神障害者手帳1級所持者	・駐車禁止除外 ・時間制限駐車除外 ・時間制限駐車区除外	・警察署交通課
自動車 免許取得 改造費用	1. 免許習得費用の助成 　・手帳所持者 2. 身体障害者で自動車改造費用	・費用の2／3助成 　（限度10万円） ・改造費（限度10万円）	・市町村地域生活支援事業で確認

（厚生労働省, 2023を基に作成）

学校・家庭が外部専門家と連携すること、望むこと

❶ スクールカウンセラーとの連携 ‥‥‥‥‥‥‥‥‥‥‥‥‥‥‥‥‥

（1） スクールカウンセラーの体制と役割

　スクールカウンセラー（以下、SC）は、2015年の中央教育審議会『チームとしての学校の在り方と今後の改善方策について』を受けて、2016年7月の『次世代の学校指導体制の在り方について（最終のまとめ）』（文部科学省）の指導体制実現構想において、貧困起因等の学力課題解消のためのSCやソーシャルワーカーの配置により、「いじめ・不登校に対応する支援教員配置を可能にする基礎定数の拡充」などが盛り込まれて加配として実現しました。

　現在、SCは非常勤という勤務体制で、中学校の場合には月に4～8回程度、小学校の場合には中学校区で配置されているSCを要望して月に1～4回程度が一般的なようです。名古屋市のように、SCを中学校に常勤体制で配置している地域は稀です。

　SCは、問題を多く抱えている教育現場において今や必要不可欠となっています。名古屋市のように常勤の体制があれば、さらに様々な視点から支援していただけるのではないでしょうか。このようなことから、来校数の少ないSCの活用と連携がとても重要になります。

（2） SCの活用法

　SCの役割の一つに子どもの様々な悩み相談を受けることがあります。SCの活用としては、これに加えて、発達障害特性を抱えている子どもを対象にした認知行動療法やソーシャルスキルトレーニング（以下、SST）などの指導、学級集団を対象とした対人関係スキルの向上などの指導もあります。

　特別支援学級の子どもであれば、教育課程の中に「自立活動」があるので、その時間で上記の内容を指導することが可能ですが、通常の学級ではほとんど不可能です。SCは、公認心理師、特別支援教育士、臨床心理士、学校臨床心理士、教育相談学校ガイダンスカウンセラーなどの資格を取得している場合が多いので、高度な指導技術を持ち備えています。そこで、子どもの不適応や困難を改善し、自己理解や他者理解を深めていくためにも、SCに上記の内容の指導を計画的に実施してただくことを提案します。

　SCの活用法の具体例を表13－1に示しました。個別指導は、「SST」「定期観察（悩み相談等）」「フリー相談（突発的な相談）」の項目ごとに、"いつ・誰が・何を・どうする"ことが分かるような一覧表を作成するとよいでしょう。

表13－1　SCの活用例（中学校：月4回（火）の場合）

項目	月日・校時	生徒名	内　容
SST （計12回）	6月　6日（火）2校時 6月　6日（火）3校時 6月　6日（火）4校時	3年1組　北海道夫 3年1組　青森凛子 3年1組　岩手翔平	・場面緘黙傾向の改善 ・場の読み取り ・ソーシャルストーリー
	6月13日（火）2校時 6月13日（火）3校時 6月13日（火）4校時	3年2組　山形梨男 3年2組　仙台政宗 3年3組　秋田町子	・盗癖の改善 ・自己理解 ・対人関係スキルの改善
	6月20日（火）2校時 6月20日（火）3校時 6月20日（火）4校時	2年1組　福島桃子 2年2組　水戸豆多 2年3組　栃木餃子	・対人関係スキルの改善 ・自己理解 ・問題行動の改善
	6月27日（火）2校時 6月27日（火）3校時 6月27日（火）4校時	2年3組　千葉落花 1年1組　東京之介 1年2組　埼多摩子	・対人恐怖症の改善 ・パニック障害の改善 ・友達との付き合い方
定期観察 フリー相談 （計4回）	6月　6日（火）1校時 6月13日（火）1校時 6月20日（火）1校時 6月27日（火）1校時	2年3組　愛媛道後 1年1組　徳島阿波 1年2組　香川饂飩 3年3組　高知勝男	定期観察、フリー相談 定期観察、フリー相談 定期観察、フリー相談 定期観察、フリー相談

<6月：各学級での指導>

	月日・校時	年　組	SSTの内容	特に必要な生徒
道徳 （計4回）	6月　6日（火）5校時 6月13日（火）5校時 6月20日（火）5校時 6月27日（火）5校時	1年3組 2年1組 2年2組 3年1組	・先輩との付き合い方 ・感情の理解 ・感情の理解 ・自己理解、他者理解	博多微人、別府温千 佐賀伊関、長崎雨女 熊　紋太、宮崎牛男 鹿児桜子、沖縄泡男

　上記のような指導を受けられる場としては、NPO法人・個人の学習塾、病院や大学等の専門機関などがあります。子どもが抱える様々な悩みは、薬で改善するものではありません。また、ただ何となく毎日を過ごしていても状況は変わらないものですから、SCを活用してみるのもよいでしょう。

第13章

学校・家庭が外部専門家と連携すること、望むこと

❷ スクールソーシャルワーカーとの連携

（1） スクールソーシャルワーカーの役割

　スクールソーシャルワーカー（以下、SSW）は、SC の誕生と同様に、不登校、いじめ、暴力行為、虐待等の問題が深刻化する中で、学校だけでは対応が難しくなったことにより、家庭や外部専門機関との連携・協働のシステムづくりをし、学校がより開かれた生徒指導体制ができるのではないかという期待の下に配置されました。

　SSW は、何らかの問題が生じた時に、それを子ども本人の内面の問題や本人が抱えている特性（気質）よって起こっていると捉えるのではなく、人と環境、周りの状況との交互作用によって問題が生じていると捉え、「問題解決は、児童生徒あるいは保護者、学校関係者との協働によって図られる」という考えの下で、その問題を解決するために人と環境との関係性を改善していく必要があるというスタンスです。SSW の役割は、福祉の面から本人・家族と環境との関係性を良くすることによって、本人・家族が問題解決できるような状況をつくってあげることです。決して、子どもたちが抱えている問題を代替わりして解決してあげるのではありません。あくまでも、周りの環境を整えていくことが主眼となります。

（2） SSW の活用法

　教員は、教育のプロでありますが、「福祉」について熟知していることが少ないのではないでしょうか。もしかすると、その"知らない"がために、子どもや保護者が様々な問題を抱えている時に、適切に対応できていないかもしれません。保護者の中には、SSW の存在と役割を知らない方も多いと思われますので、そのことを知っていただき、必要な支援を受けていただくのもよいでしょう。学校（担任）と家庭（保護者）が福祉の専門家である SSW と連携・協働し、それらを上手に活用することによって、本人・家族が抱えている問題や不適応状況を少しでも改善できればよいのではないでしょうか。

　例えば、表13－2 に示すように、発達障害があり不適応になっている、不登校やひきこもりが継続している、家庭生活で困窮している、障害を抱えているなどの状況別に SSW が対応してくれますので、活用してみるのも一つの方法です。SSW の仕事は、ある問題や不適応状況を様々な方面から重層的に見ていくことです。子ども本人だけに働き掛けているのでは解決できません。「何でこの子どもが今、このような状況にあるのか」といったことを、家族、友達、学校・学級内、担任や他の教員との関係性や状況などを含めて考えます。様々なことが影響して、子どもの行動に現れてきているので包括的に見ていくことが重要です。

表13－2　スクールソーシャルワーカーの対応と活用の例

問題・不適応状況	SSW の見方	SSW の対応
・発達障害を抱えていて、暴言・暴力が絶えない	・家庭内暴力もあるのでは？ ・対応方法が分からないのでは？ ・学級の中でイザコザがあるのでは？ ・保護者が仕事等で様々な問題を抱えているのでは？	・学級内の子どもたちとの関係性の観察、調査 ・医療受診等の相談 ・発達相談の相談 ・家庭内の状況の調査
・虐待やネグレクト等がある、疑われている	・家庭内暴力があるのでは？ ・虐待やネグレクト等がある、疑われているのでは？ ・生活に困窮しているのでは？ ・地域で孤立しているのでは？ ・発達障害が疑われているのでは？	・「家庭児童相談室」「子ども家庭支援センター」へ連絡、調整 ・「要保護児童対策協議会」との情報交換 ・「児童相談所」との情報交換
・不登校やひきこもりで学校に登校できない	・どのように対応したらよいか、困っているのでは？ ・発達障害を抱えているのでは？ ・家庭内で、何か問題を抱えているのでは？ ・学校や担任との関係がうまくいっていないのでは？	・家庭訪問の実施 ・教育相談や医療相談の連絡、調整
・母子家庭で、経済的にも困難	・子どもに十分な教育を受けさせていないのでは？ ・十分な食事を摂っていないのでは？ ・衣服が毎日同じであったり、汚れていたりしているようなので、子どもに手をかけていないのでは？	・「生活福祉資金」「児童扶養手当」「生活保護」の説明と手続き
・障害があり、経済的にも困難	・保護者も子どもと同じような障害があるのでは？ ・子育てに苦労しているのでは？	・「特別児童扶養手当」の説明と手続き
・障害があり、進学や就職をどうしたらよいか分からない、迷っている	・障害者手帳のことを知らないのでは？ ・手続きの仕方が分からないのでは？	・障害者手帳（療育手帳、身体障害者手帳、精神障害者保健福祉手帳）の説明と手続き
・モンスターペアレントで学校に電話をかけてきたり、怒鳴り込んできたりする	・学校や担任の説明不足で納得していないのでは？ ・保護者が発達障害の疑いや特性（気質）が強いのでは？ ・子どもと親との間で、食い違いがあるのでは？	・学校や担任の代弁

第13章　学校・家庭が外部専門家と連携すること、望むこと

❸ 特別支援教育の専門家チーム・巡回相談員との連携 ‥‥‥‥‥

（1） 専門家チーム・巡回相談員の役割

　特別支援教育の専門家チーム・巡回相談員は、『特別支援教育の体制整備の推進』（文部科学省，2003）を受けて、都道府県や市町村を単位として配置されてきました。専門家チームは、教育委員会の職員、学校の教員、心理学の専門家、福祉関係の職員、医師、保健師等で構成されています。専門家チーム・巡回相談員の役割としては、保育所・幼稚園・子ども園及び小・中学校等（以下、学校園）からの要請に応じて、発達障害を含む障害に関わる判断や指導・助言を示して子どもを望ましい方向に導いていくことです。

　専門家チームの組織単位と構成は、地域の実情によって異なりますが、できる限り市区町村を単位として、地域の人材資源を活用すると小回りが利きますし、連続性・継続性が保たれます。

（2） 専門家チーム・巡回相談員の活用

　学校園における専門家チーム・巡回相談員の具体的な活用としては、学校園の子どもたち全員のスクリーニングの実施があります（できれば3歳年少児から年1回以上）。本来であれば学校園からの要請に応じて実施しますが、“定期的な訪問による巡回指導”が必要不可欠です。専門家チーム・巡回相談員には、障害等の有無の見極めや、学校園や担任への指導・支援を要望します。

　専門家チーム・巡回相談員の中には、知能・認知検査を実施している方もいます。その方には、学校・担任だけでなく、保護者への説明（障害等の判断、病院受診の勧めなど）をお願いすることも活用の一つです。

　また、学校園からの要請や提案に応じて「保護者面談」に専門家チーム・巡回相談員が同席することもあります。面談の内容は、家庭での子どもへの接し方や困り感への指導方法、個別検査の報告、就学や在籍相談、障害理解、いじめの被害や不登校支援などです。

専門家チームのスクリーニング（保育所）

専門家チームのスクリーニング（小学校）

❹ 要保護児童対策地域協議会の担当者との連携 ·······························

（1）　要保護児童対策地域協議会の役割

　要保護児童対策地域協議会（以下、要対協）は、平成16年に児童福祉法を改正して、虐待を受けた児童などに対する市町村の体制強化を固めるため、関係機関が連携を図り児童虐待等への対策を行っています。近年は、虐待の件数が毎年増加傾向にあり、2019（令和3）年度の児童相談所（全国225か所）での相談対応件数は、207,660件（厚生労働省，2022）で過去最多となりました。虐待による死亡事例は年間50人を超えています。それだけに、要対協の役割がとても重要になっています。

（2）　要対協担当者の活用

　要対協では、それぞれの関係機関（児童福祉担当課、母子保健担当課、児童相談所、福祉事務所、警察、民生委員・児童委員、福祉施設、医療施設、保健所、教育委員会、学校、幼稚園、保育所、こども園など）とネットワークを組織しています。学校や保育所・幼稚園では、要対協の担当者からの事案の報告を受けて、対象となる子どもについてその問題を共有しながら教員間で見守っていき、情緒的な安定を図ることや安心安全となるような環境を整えていきます。緊急時には要対協の担当者に迅速に連絡をすることも必要です。そして、常に要対協の担当者と連絡を取り合い、信頼関係を築きながら支援方針に従って協力していきます。活用というよりは連携していくことが重要です。

第13章

学校・家庭が外部専門家と連携すること、望むこと

第14章

面談での上手な説明の仕方

① 様々な保護者面談

　教育活動する上で、学校・担任と家庭・保護者との連携が重要であること言うまでもありません。しかし、時にその連携がうまくいかずに何となく気まずくなっていたり、あるいは拒否されてしまうこともあるでしょう。特に、いじめ被害や不登校が改善されない、在籍変更あるいは個別検査や医療受診を勧める際に、担任の思い通りにいかないことは少なからずあるのではないでしょうか。

　そのような時に、「どうして、あの保護者は理解しようとしないのか！」「保護者は、子どものことを本当に考えているの？」などと思うことがあるかもしれません。しかし、冷静に考えてみると、もしかすると、担任の説明の仕方が悪く、保護者に十分に伝わっていないのではないかとも考えられます。例えば、以下のようなことはないでしょうか。

- ・何を基準・根拠に説明（法令、専門家の意見）しているのか、保護者が分からないのではないか？
- ・説明がアバウトになっていて、具体的な数値を示していないのではないか？
- ・保護者に対して上から目線で説明しているのではないか？
- ・「～すべきだ」「～してほしい」という思いが強すぎるのではないか？
- ・新採や経験の少ない担任は、どのように説明したらよいか分からないのではないか？
- ・保護者が納得するような理論的な説明になっていないのではないか？
- ・学校に「説明マニュアル」のような基本型がなく、担任によって説明する内容が統一されていないのではないか？

　山形県の鶴岡市や天童市などでは、教員（管理職を含む）や支援員・教育相談員を対象として、特別支援教育研修を設定していますが、その中に「保護者説得の方法」の研修講座があり、面談の仕方を具体的に練習しています。そのため、個別検査の受検や病院受診の説得率が80％以上となっています。以下に具体的な説得の仕方を記載していますので、面談の練習をしてみてはいかがでしょうか。

② 保護者面談の事前準備

　保護者面談を実施するに当たっては、事前準備を用意周到にしてから臨みます。重要なのは、面談の説明内容と項目（順番）です。面談では何をどこまで話すのかを漏れが生じないように事前に「メモ書き」しておきます。その際に必要となるのは、保護者に「拒否」された場合には、どのような返答をするのかまでも考えておくことです。

　また、子どもが不適応状況や問題行動について、一般的に設定している（許される）"基準"や"程度"を超えていることを示す根拠となる資料を準備します。その際に数値化しておくとよいでしょう。その他、個別検査結果や判断書などの資料があれば加えて準備します。不登校などの面談では、出席簿や年間指導計画表も準備しておくと役立ちます。

事前の準備物

- ・面談の説明内容と項目（順番）を記載した「メモ書き」
- ・不適応状況や問題行動が具体的に分かるような数値化された資料
　（単元・定期・実力テスト、教研式学力検査 NRT・CRT、行動観察記録など）
- ・生徒指導記録簿、健康調査票など
- ・専門家などの意見（スクリーニング結果、障害等の判断など）
- ・教育支援資料（特別支援学級・特別支援学校の就学基準など）
- ・出席簿（欠席日数、遅刻回数、早退回数など）
- ・年間指導計画表（授業日、行事予定など）
- ・専門機関や保護者から渡された個別検査の結果と判断書等（WISC™-Ⅳ・WISC™-Ⅴ、KABC-Ⅱなど）

面談の出席者と座席の配置

　面談の出席者は、保護者（本人）、担任、特別支援教育コーディネーター、教頭（教務主任等）などでしょう。なお、必要に応じて個別検査員や教育相談員が同席する場合もあります。人数が多くなると保護者（本人）が圧迫感を感じるので必要最小限にします。

　司会者は、特別支援教育コーディネーター（または教頭・教務主任）がよいでしょう。座席は、保護者（本人）の隣に担任が座ります。

第14章　面談での上手な説明の仕方

面談の具体例（病院受診の勧め） ⋯⋯⋯⋯⋯⋯⋯⋯⋯⋯⋯⋯⋯⋯⋯⋯⋯⋯⋯⋯⋯⋯⋯⋯⋯⋯

●面談の項目（説明する順番）

> 1. 特別支援教育の意味と学校の取組
> 2. 専門家からの意見（病院受診の必要性）
> 3. クラスでの実態（担任からの不適応や困難性）
> 4. 病院受診のメリット（障害の理解、薬物治療、不適応の改善）
> 5. 将来の不適応や困難（発達障害等の特徴、気質）、同様な事例紹介
> 6. ＜承諾する場合＞病院受診の内諾と病院の紹介・付き添い
> 7. ＜承諾しない場合＞次回の面談を約束して経過観察の観点を提示

※特コ＝特別支援教育コーディネーター

> **特コ**：本日は、お忙し中、学校においでいただきまして、ありがとうございます。本日、お母様（お父様）においでいただきましたのは、ツヨシ君の学校での様子を詳しくお知らせしたいと思ったからです。そして、今後、どのように学校生活を過ごしていったらよいのかを学校と家庭と一緒になって考えたいと思います。どうぞよろしくお願いいたします。
>
> **担任**：よろしくお願いいたします。
>
> **母親**：よろしくお願いいたします。

1. 特別支援教育の意味と学校の取組

> **特コ**：早速ですが、お母様は、「特別支援教育」という言葉をご存じですか。
>
> **母親**：そうですね。何となく聞いたことはあります。
>
> **特コ**：特別支援教育は、昔よく使っていた「障害児教育」や「特殊教育」とよく間違われるのですが違うのです。特別支援教育とは、子ども一人一人に対して適切に支援していくことです。つまり、子ども全員を対象にして、子どもが抱えている様々な不適応や困難に対して、それをより良く改善していき、学校生活をスムーズに送ることができるようにしていくことです。例えば、学級の中には、勉強が苦手な子ども、友達とトラブルを起こす子ども、授業に集中できない子ども、忘れ物をする子ども、学校に行きたがらない子どもなどが少なからずいます。その子どもに対して早目に支援して不適応や困難を少なくしていくことです。本校では、子ども一人一人を大切に育てたいとの思いから、この特別支援教育について、とても力を入れて取り組んでいます。学校の重点的な取組でもあります。
>
> **母親**：そうなんですね。

2．専門家からの意見（病院受診の必要性）

特コ：特別支援教育が始まったことによって、保育所、幼稚園、小学校、中学校、高校などに、大学の先生や教育委員会の先生、特別支援学校の先生、スクールカウンセラーやソーシャルスクールワーカーの先生、教育相談・学習支援の先生、個別検査をする先生、保健師さん、お医者さん、市役所の福祉課の方など、様々な専門家の方々と連携したり学校に来ていただいて、子どもたちの相談や支援・助言をしていただくようになりました。子どもたちが抱えている様々な不適応や困難を、学校の先生だけでなく、専門家も交えて関係者で対応していくためです。本校でも、専門家の先生方に定期的に訪問していただき、様々なアドバイスをいただいております。

実は、先日も専門家の大学の先生に訪問していただきました。そして、その先生から、「ツヨシ君については、WISC™-Ⅳ（KABC-Ⅱ）の検査が終わっていて、検査結果を踏まえた指導をしているものの、なかなか学校生活が安定しないので（改善されないので）、きちんと病院で受診して、検査していただいた方が良いのでは？」との助言をいただきました。そのようなことで、本日、お母様を学校にお呼び立てして、お伝えしているわけです。

母親：そうですかあ。

3．クラスでの実態（担任からの不適応や困難性）

特コ：学校ではツヨシ君が安定しないので、とても気になっていました。お母様、ご家庭ではどうですか？

母親：家では、特に問題になるようなことはありません！　手伝いもしてくれるし、下の子の面倒もみてくれています。

特コ：そうですよね。ツヨシ君は、家でお風呂掃除の当番だと言ってましたよね。
（＊子どもを褒める。）
ところで、担任の三浦先生、クラスでのツヨシ君の様子はどうですか？

担任：ツヨシ君は、係当番の仕事はよくしてくれるので、とても助かっています。
（＊最初に子どもを褒めてから、困り感を伝える。）
しかし、時々、友達とケンカすることがあります。そして、そのケンカがおさまらないと、乱暴な言葉を言ったり、授業中に教室から出ていくこともあります。
（＊他の子どもと比較して困り感を話す。）

> ＊LDは学習成績状況、ADHDは不注意、多動・衝動性、ASDは対人関係・こだわり・自分の世界・感覚過敏・多弁、などの不適応や困難を指摘する。

第14章

面談での上手な説明の仕方

133

特コ：そうですか。やはり、学校ではツヨシ君の困り感が大きいようですね。
　　　お母様、ツヨシ君は、家庭と学校での様子がだいぶ違うようですね。どちらも
　　　間違っていないと思うのですが……。どうして学校では、家庭と違うことが多
　　　いと思いますか？

母親：うーん……、よく分かりません。

特コ：お母様、おそらく、家庭と学校とでは、刺激の多さと本人の理解が違うからだと
　　　思います。家庭では、子どもはきょうだいだけですから刺激が少ないですよね。
　　　それに、家族は、ツヨシ君の性格や行動はよく分かっています。しかし、学校
　　　では、同級生の他に、縦割り活動（クラブ活動、部活動）などで上級生や下級
　　　生とも付き合います。学校の中には、ツヨシ君の性格や行動を詳しく知らない
　　　子どもたちがお互いに刺激し合うのです。ですから学校では、三浦先生が指摘
　　　されましたように、できないことや不適応や困難になっていることがあるのだ
　　　と思います。

母親：そうなのですね。

特コ：ツヨシ君について、学校では、早めに支援して改善したいと考えております。
　　　そこで、学校としては、専門家の大学の先生のご指摘の通り、早めに病院で受
　　　診してただいた方がよいと考えております。<u>お母様、いかがでしょうか。</u>

母親：うーん……。

4．病院受診のメリット（障害の理解、薬物治療、不適応の改善）

特コ：病院での受診は、現在の状況がどうなのか（障害等があるのか否か）、安定す
　　　るためにはどのようにしたらよいのか（改善するためにはどのようにしたらよ
　　　いのか）、薬が必要なのかなど、医学的にはっきりしたことが分かると思います。
　　　学校でもツヨシ君が病院を受診することによって、ツヨシ君の支援の方針が明
　　　確になります。さらに、ツヨシ君の不適応や困難になっている状況の改善が早
　　　まると思います。<u>お母様、病院の受診はいかがでしょうか。</u>

母親：うーーん……。

5．将来の不適応や困難（発達障害等の特徴、気質）、同様な事例紹介

特コ：専門家の大学の先生がお話ししていましたが、ツヨシ君については、できれば
　　　医学的には遅くとも小学校４年生の夏休みまでに受診して服薬などで治療を開
　　　始しないと、これまでの嫌な体験が深い傷となって残るだろうということと、
　　　教育学的には遅くとも３年生までに不適応や困難を改善しないと、高学年に

なって学習成績が下がったり、中学生になってぶり返してトラブルの回数がさ
らに増えることも心配されます。

特コ：学校の子どもたちの中には、深刻化しないうちに病院を受診しなかったために、
今でもトラブルが多く対応に苦労している子どももいます。<u>お母様、病院の受</u>
<u>診はいかがでしょうか。</u>

母親：うーーん……。

6．＜承諾する場合＞病院受診の内諾と病院の紹介・付き添い

母親：はい、分かりました。先生がそこまで言われるなら……。

特コ：ありがとうございます。病院を受診してくださるのですね。おそらくツヨシ君
の不適応や困難が早めに改善されると思いますよ。学校では、担任の三浦先生
を中心として、これからもツヨシ君を支援します。もちろん、校長先生や私た
ちもサポートしてきます。三浦先生、良かったですね。

担任：はい。私もツヨシ君の不適応や困難を早めに改善できるように頑張ります。

特コ：ところでお母様、病院の受診ですが、どこか心当たりの病院はありますか？

母親：いやあー、よく分からないないです。

　　　（＊母親から病院名の指名がある場合にはその病院で良いが、その病院がツヨ
シ君に合わない場合には、別の病院の受診をうながす）

特コ：そうですか。それでは、他の子どもさんも通っている「日本一病院」はいかが
でしょうか。

母親：はい。分かりました。ところで、予約は、どのようにすればよいですか？

特コ：それでは、学校の方で、早急に「日本一病院」の受診ができるように手配いた
します。病院への連絡方法などについては、後でお母様に連絡いたします。

　　　（＊母親が自分で予約する方式の病院の場合には、母親が直接電話予約するよ
うに伝える。）

　　　（＊自治体によって教育委員会と病院とが連携して「新患枠」を設定している
場合には、学校がそのルールに従って予約する。）

　　　（＊病院の受診については、「児童精神科」や「療育センター」などがある場合
には、専門の病院を紹介する。）

母親：分かりました。助かります。

特コ：ところで、病院の受診が始まりましたら、ツヨシ君を学校でどのように支援し
たらよいか、具体的に主治医の先生にお聞きしたいと思っておりますので、担
任の三浦先生や他の先生方がツヨシ君の受診日に合わせて同行させていただい
てもよろしいですか？

母親：はい。いいですよ。

特コ：ありがとうござます。

担任：ありがとうござます。必ず行きます。

特コ：本日は、有意義な面談になりました。お母様、わざわざ学校においでいただき
　　　まして、ありがとうございました。これで面談を終了いたします。

担任：ありがとうございました。

母親：ありがとうございました。

⇒【面談終了】

7.　＜承諾しない場合＞　次回の面談を約束して経過観察の観点を提示

母親：……うーん、もう少し考えてみます。

特コ：お母様のお気持ちは、分かりました。それでは、そのことを専門家の先生にお
　　　伝えいたします。学校の方では経過を見ることにいたします。そこで、また次
　　　回の面談の設定をさせていただけないでしょうか。よろしいですか？

母親：……はい。

特コ：それでは、次回は、4か月後の10月29日にいたしましょう。
　　　（＊できれば日にちを決定する。だいたい3～6か月後に設定する。）

特コ：学校ではこれからも、ツヨシ君の経過について見ていきます。観察のポイント
　　　といたしましては、離席の回数、友達とのトラブルの回数、暴言の回数、学習
　　　成績などです。

> ＊LD の場合は学習成績の点数、ADHD の場合はトラブル回数や離席の回数、ASD の
> 場合は担任からの指示理解回数やこだわり回数など、数値化できるもので観点を示す。

特コ：それにもう一つ、次回の面談では、WISC™-Ⅴを実施していただいた検査員
　　　の先生や専門家の先生にも同席していただくかもしれません。
　　　お母様、よろしいですね。
　　　（＊ ×よろしいでしょうか。）

母親：はい。

特コ：本日は、ご足労をおかけいたしました。学校でも特別支援教育に力を注いでい
　　　きますので、今後ともツヨシ君の支援を最大限に考えていきます。これで面談
　　　を終了いたします。ありがとうございました。

担任：ありがとうございました。

母親：ありがとうございました。

⇒【面談終了】

文 献

【医療編】
＜引用文献＞
髙橋三郎・大野裕監訳（2014）『DSM-5 精神疾患の診断・統計マニュアル』，医学書院.
融道男・中根允文・小見山実・岡崎祐士・大久保善朗監訳（1993）『ICD-10 精神および行動の障害−臨床記述診断ガイドライン−』，医学書院.

＜参考文献＞
青木省三（2017）『こころの病を診るということ−私の伝えたい精神科診療の基本』，医学書院.
アン・アルヴァレズ，スーザン・リード（2006）『自閉症とパーソナリティ』，創元社.
市河茂樹（2021）『外来で診る子どもの発達障害 どこまでどのように診るか？』，羊土社.
稲田俊也（2017）『小児の向精神薬治療ガイド』，じほう.
井上雅彦・平澤紀子・小笠原恵編（2013）『発達障害のある子の ABA ケーススタディ』，中法法規出版.
鯨岡峻（2005）『エピソード記述入門』，東京大学出版会.
こころの科学 190（2016）『子どもの薬物療法』，日本評論社.
齊藤万比古・金生由紀子（2012）『子どもの強迫性障害 診断・治療ガイドライン』，星和書店.
齊藤万比古（2014）『子どもの心の処方箋ガイド』，中山書店.
サイモン・バロン＝コーエン（2002）『自閉症とマインド・ブラインドネス』，青土社.
坂本昌彦・関正樹（2022）『小児科医・かかりつけ医に知ってほしい発達障害のこと』，南山堂.
シーラ・リッチマン（2003）『自閉症の ABA 入門 親と教師のためのガイド』，東京書籍.
杉山登志郎（2015）『発達障害の薬物療法 ASD・ADHD・複雑性 PTSD への少量処方』，岩崎学術出版社.
テンプル・グランディン（2010）『自閉症感覚 隠れた能力を引き出す方法』，NHK 出版.
テンプル・グランディン，リチャード・パネク（2014）『自閉症の脳を読み解く どのように考え、感じているのか』，NHK 出版.
土居健郎（1977）『新訂 方法としての面接』，医学書院.
ハウリン・ラター（1990）『自閉症の治療』，ルガール社.
松本雅彦・高岡健（2008）『発達障害という記号』，批評社.
臨床精神薬理 第 16 巻第 3 号 Mar.（2013）『〈特集〉思春期・成人期の自閉症スペクトラム障害の薬物療法』，星和書店.
臨床精神薬理 第 20 巻第 6 号 Jun.（2017）『〈特集〉発達障害に対する薬物療法の新展開』，星和書店.

【教育編】

＜引用文献＞

上野一彦・石隈利紀・大六一志・松田修・名越斉子・中谷一郎：日本版 WISC™-V刊行委員会（2021）『日本版 WISC™-V』，日本文化科学社．

上野一彦・藤田和弘・前川久男・石隈利紀・大六一志・松田修：日本版 WISC™-Ⅳ刊行委員会（2010）『日本版 WISC™-Ⅳ』，日本文化科学社．

エーレン・アーロン：Elaine N.Aron（2002）『THE HIGHLY SENSITIVE PARENT』，Citadel

小泉令三（2011）『社会性と情動の学習（SEL-8S）の進め方』，ミネルブア書房．

厚生労働省（2023）『障害者手帳』，ホームページ．
　　https://www.mhlw.go.jp/

国立精神・神経医療研究センター（2023）『こころの情報サイト』，ホームページ．
　　https://www.mhlw.go.jp/kokoro/

齋藤万比古編（2011）『発達障害が引き起こす不登校へのケアとサポート』，学研．

佐久間・保崎路子・遠藤利彦・無藤隆（2000）「幼児期・児童期における自己理解の発達−内面的側面と評価的側面に着目して−」発達心理学研究，第 11 巻第 3 号，176-187．

辻井正次・村上隆：日本版監修（2014）『日本版 Vineland™-Ⅱ適応行動尺度』，日本文化科学社．

日本精神神経科診療所協会（2016）『学校版　児童精神科医が処方するときに心がけていること』．

日本精神神経学会（2014）『DSM-5 精神疾患の分類と診断の手引』，日本語版用語監修・日本精神神経学会，高橋三郎・大野裕監訳，医学書院．

藤田和弘・石隈利紀・青山真二・服部環・熊谷恵子・小野純平・青山真二：日本版 KABC-Ⅱ制作委員会（2013）『日本版 KABC-Ⅱ』，図書文化社．

三浦光哉編（2013）『小1プロブレムを防ぐ保育活動（理論編）』，クリエイツかもがわ．

三浦光哉（2014）『「本人参加型会議」で不登校は改善する!−教室復帰に向けた特別支援教育からのアプローチ』，学研プラス．

三浦光哉編（2017）『5歳アプローチカリキュラムと小1スタートカリキュラム−小1プロブレムを予防する保幼小の接続カリキュラム−』，ジアース教育新社．

三浦光哉（2017）「本人参加型不登校改善会議の手法による不登校・不登校傾向の改善」，山形大学大学院教育実践研究科年報，第 9 号，36-45．

三浦光哉編（2019）『特別支援教育のステップアップ指導方法 100』，ジアース教育新社．

三浦光哉（2020）「起立性調整障害の子供に対する自己理解面談による不適応状況の改善」，山形大学大学院教育実践研究科年報，第 11 号，6-15．

文部科学省（2013）『教育支援資料 〜障害のある子供の就学手続きと早期からの一貫した支援の充実〜』，初等中等教育 局特別支援教育課．

文部科学省（2014）『共生社会の形成に向けたインクルーシブ教育システム構築のための特別支援教育の推進（報告）』，中央教育審議会．

文部科学省（2018）『小学校学習指導要領（平成 29 年 3 月告示）』，東洋出版社．

文部科学省（2018）『中学校学習指導要領（平成 29 年 3 月告示）』，東山書房．

文部科学省（2018）『特別支援学校幼稚部教育要領 小学部・中学部学習指導要領（平成 29 年 3 月告示）』，海文堂出版．

＜参考文献＞

上野一彦・松田修・小林玄・木下智子（2015）『日本版 WISC-Ⅳによる発達障害のアセスメント』，日本文化科学社．

藤田和弘・石隈利紀・青山真二・服部環・熊谷恵子・小野純平編（2014）『エッセンシャルズ　KABC-Ⅱによる心理アセスメントの要点』，丸善出版．

藤田和弘・熊谷恵子・柘植雅義・三浦光哉・星井純子編（2008）『長所活用型指導で子ども変わる part3 −認知処理様式を生かす各教科・ソーシャルスキルの指導−』，図書文化社

三浦光哉・伊藤祥子（2023）「認知特性を簡易把握する『認知処理様式チェックリスト（小学生用）』の開発」，山形大学大学院教育実践研究科年報，第 14 号，1-10．

おわりに

　本書の企画は、共著者の三浦光哉教授が「病院や薬について不安を抱える学校の先生や保護者に読んでもらう本を作りたい」ということから始まりました。この本には、私の外来で日常的に親御さんたちや学校の先生たちへお話ししている病院や薬のことを書いています。

　"Nothing About us without us." 「私たちのことを私たち抜きで決めないで」という言葉をご存じですか？　2006 年に国連で採択された、障害者の権利に関する合言葉です。

　私の診療スタイルは基本、親だけの通院はなく、通院するのは本人です。母子同席面接で、「あなたにはどんな得意・不得意があるか？」「何のためにこのお薬を飲むのか？」などを本人と親御さんの両方に説明して、納得してもらったことだけ行っています。

　まだまだ日本では、「発達特性がある子どもを育てること」への偏見は少なくありません。しかし、発達特性は「そのうちなくなるもの」でもありませんし、「もっていてはいけないもの」でもありません。花粉症やアレルギーのような“体質”なのです。花粉症やアレルギーの人は自分の体質、特徴を知ることで命の危険や生きづらさを随分軽減することができます。「発達特性を抱えて生きる」というのも、それと同じようなものと思ってください。様々なトラブルは、「思っているより」予測可能で予防可能です。

　最後になりましたが、本書の出版にあたり、ジアース教育新社代表取締役の加藤勝博様、編集担当の市川千秋様、ジアース教育新社スタッフの皆様に心より御礼を申し上げます。

雨降りの午後、大手門にて

2023（令和 5）年 7 月

原田　剛志

著者紹介

三浦　光哉（みうら・こうや） ──────────────── 【第2部　教育編】

山形大学教職大学院教授　兼任　山形大学特別支援教育臨床科学研究所所長。専門は特別支援教育指導法，特別支援教育学。

東北大学大学院博士課程単位取得退学。宮城県公立小学校教諭，宮城教育大学附属養護学校教諭，宮城教育大学非常勤講師，山形大学教育学部助教授・同教授を経て現職。名古屋市教育振興計画に係る有識者，名古屋市特別支援学校の在り方検討委員会座長，名古屋市特別支援学校運営アドバイザー，山形県発達障がい者支援施策推進委員会委員などを歴任。公認心理師，学校心理士SV，特別支援教育士SV，学校ガイダンスカウンセラーSV，保育士。

主な編著書に，『特別支援学校が目指すカリキュラム・マネジメント』（2022），『知的障害教育の「教科別指導」と「合わせた指導」』（2021），『本人参画型の自立活動の個別の指導計画』（2020），『特別支援教育のステップアップ指導方法100』（2019），『特別支援学級のための学級経営サポートQ&A』（2018），『知的障害・発達障害の教材・教具117』（2016），いずれもジアース教育新社など多数。

原田　剛志（はらだ・つよし） ──────────────── 【第1部　医療編】

医療法人悠志会「パークサイドこころの発達クリニック」理事長。専門は発達精神医学と精神療法。福岡大学医学部卒業後，福岡大学病院精神神経科に入局。以来，児童思春期畑を歩む。その後，旧福岡県立太宰府病院，鹿児島・伊敷病院などの勤務を経て，2011年に児童精神と発達障害を専門とした「パークサイドこどものこころクリニック」を開設，2016年に発達障害専門施設として「パークサイドこころの発達クリニック」に名称変更。

日本精神神経学会認定専門医　指導医，精神保健指定医，日本医師会認定産業医，特別支援教育士SV，主な外部役職として，日本児童青年精神医学会代議員，日本小児精神神経学会代議員，日本ペアレント・トレーニング研究会理事，福岡市学校保健協議会委員，日本児童青年精神科・診療所連絡協議会理事。

著書に『日常診療における成人発達障害の支援　10分間で何ができるか』（分担執筆，星和書店，2020年），訳書に『対象関係論の基礎－クライニアン・クラシックス』（共訳，新曜社，2003年）など。

コラム ────────────────────────────

川村　修弘　（山形大学教職大学院准教授，前宮城県岩沼市立岩沼西小学校教諭・特別支援教育コーディネーター）コラム1

星川　裕美　（山形県尾花沢市立尾花沢中学校養護教諭）コラム2

山口　純枝　（名古屋市教育委員会スクールカウンセラー，前名古屋市立西養護学校長）コラム3

教員・保護者のための

発達障害の薬・治療・教育支援

2023 年 7 月 28 日　初版第 1 刷発行
2023 年 9 月 18 日　　　第 2 刷発行
2024 年 8 月 14 日　　　第 3 刷発行

■　著　　　三浦 光哉・原田 剛志
■発行人　　加藤 勝博
■発行所　　株式会社 ジアース教育新社
　　　　　　〒 101-0054　東京都千代田区神田錦町 1-23　宗保第 2 ビル
　　　　　　TEL：03-5282-7183　FAX：03-5282-7892
　　　　　　E-mail：info@kyoikushinsha.co.jp
　　　　　　URL：https://www.kyoikushinsha.co.jp/

■表紙デザイン　宇都宮 政一
■本文 DTP　　　土屋図形 株式会社
■印刷・製本　　シナノ印刷 株式会社
Printed in Japan
ISBN978-4-86371-663-6
定価は表紙に表示してあります。
乱丁・落丁はお取り替えいたします。（禁無断転載）